Betriebsänderung – Interessenausgleich – Sozialplan

Eine Handlungshilfe für Betriebsratsmitglieder

© 2013 ver.di Bildung + Beratung
Gemeinnützige GmbH, Düsseldorf

Autor:
Ingo Hamm, Fachanwalt für Arbeitsrecht, Bochum

5., überarbeitete Auflage
Düsseldorf, September 2013

Titel und Gestaltung:
punkt4.eu

ISBN 978-3-931975-81-4

Betriebsänderung, Interessenausgleich, Sozialplan

Eine Handlungshilfe
für Betriebsratsmitglieder

Inhalt

Abkürzungsverzeichnis

a.a.O.	am angegebenen Ort
Abs.	Absatz
AGG	Allgemeines Gleichbehandlungsgesetz
AiB	Arbeitsrecht im Betrieb (Zeitschrift)
AktG	Aktiengesetz
ArbG	Arbeitsgericht
ArbGG	Arbeitsgerichtsgesetz
Aufl.	Auflage
BAG	Bundesarbeitsgericht
BetrVG	Betriebsverfassungsgesetz
BFH	Bundesfinanzhof
BGB	Bürgerliches Gesetzbuch
BSG	Bundessozialgericht
DKKW	Däubler/Kittner/Klebe/Wedde, BetrVG-Kommentar
EStG	Einkommensteuergesetz
etc.	et cetera (und so weiter)
evtl.	eventuell
f.	folgende
ff.	fortfolgende
gem.	gemäß
ggf.	gegebenenfalls
GmbH	Gesellschaft mit beschränkter Haftung
Hrsg.	Herausgeber
i.d.R.	in der Regel
InsO	Insolvenzordnung

Kap.	Kapitel
KG	Kommanditgesellschaft
KSchG	Kündigungsschutzgesetz
KUG	Kurzarbeitergeld
LAG	Landesarbeitsgericht
n.v.	nicht veröffentlicht
o.Ä.	oder Ähnliches
Rz.	Randziffer
SGB	Sozialgesetzbuch
SZ	Süddeutsche Zeitung
TzBfG	Teilzeit- und Befristungsgesetz
TVG	Tarifvertragsgesetz
u.a.	unter anderem/und andere
UmwG	Umwandlungsgesetz
usw.	und so weiter
u.U.	unter Umständen
vgl.	vergleiche
z.B.	zum Beispiel
Ziff.	Ziffer
z.T.	zum Teil

Einleitung

Im Jahr 2013 scheint Deutschland die Insel der Glückseligen zu sein. Fast ganz Europa ächzt unter der Belastung durch die Bankenkrise, nur in Deutschland reden die Regierung und die Bundesagentur für Arbeit von einem Jobwunder. Und das bei durchgängig über 2,5 Millionen offiziell als arbeitslos registrierten Menschen im Lande. Gleichzeitig hört man von allen Seiten, auch von Betriebsräten, dass die Unternehmen erhebliche Probleme haben, offene Stellen zu besetzen.

Es fällt schwer, daraus ein Gesamtbild der Situation auf dem Arbeitsmarkt zu erstellen. Das sollte aber nicht dazu führen, das Thema „Sozialplan und Interessenausgleich" für veraltet zu halten. Selbst wenn die Perspektiven für Beschäftigte mittelfristig besser werden, verfolgen die Unternehmen weiterhin die alten Strategien: Der wirtschaftliche Erfolg soll durch Reduzierung der Zahl der Beschäftigten erreicht werden. Und die Spekulanten danken es ihnen. Im Januar hat das bloße Gerücht, die Commerzbank werde mindestens 5.000 Stellen streichen, den Wert der Aktie an der Börse gegen den Trend nach oben geschoben.

Auch andere kündigten im Januar 2013 Entlassungen an: Bei der Deutschen Bank trifft es über 500, bei der Telekom 1.200, und AirBerlin will sich von 900 Beschäftigten trennen. Die Auswirkungen der Energiewende auf die Zahl der Arbeitsplätze bei RWE, EON usw. sind noch gar nicht absehbar.

Betriebsräte werden es also weiterhin mit Betriebsänderungen zu tun haben, die insbesondere in einem Personalabbau bestehen und auf die sie nur mit den Instrumenten Sozialplan und Interessenausgleich reagieren können. Dass sich hierfür die sozialrechtlichen Rahmenbedingungen geändert haben, also einerseits Kurzarbeit und Transfermaßnahmen eingesetzt werden können, andererseits aber Altersteilzeit und Vorruhestand praktisch keine Optionen mehr sind, erhöht die Anforderungen an ihre Arbeit noch zusätzlich. Ganz zu schweigen von der Begleitung anderer Umstrukturierungsprozesse, die zwar nicht notwendig zu einem Personalabbau führen müssen, aber gleichfalls Betriebsänderungen sind.

Noch nicht beurteilt werden können die Auswirkungen einer Änderung des Insolvenzrechts im Jahr 2012. Damit haben Unternehmen die Möglichkeit, in einem, „Schutzschirmverfahren" genannten Prozess die Rechte der Beschäftigten wie in der Insolvenz zu beschneiden, auch wenn das Unternehmen gar nicht zahlungsunfähig ist. Hier kann ein erheblicher Anreiz entstehen, die Beschäftigten für die Interessen von Eigentümern und Banken bluten zu lassen. Auch das stellt neue Anforderungen an Betriebsräte, die sich hier frühzeitig einmischen müssen, um eine solch einseitige Lastenverteilung zu verhindern.

Ingo Hamm   Berlin/Bochum, im Juni 2013

1 Die Mittel des Betriebsrats bei der Betriebsänderung

1   Die Situation ist nicht alltäglich, die Mittel sind es gleichfalls nicht: Betriebsräte, die mit einer Betriebsänderung konfrontiert sind, können anders
agieren, als dies im Tagesgeschäft die Regel ist.

Sie diskutieren mit dem Arbeitgeber über Aspekte der Unterneh-
mensführung, die normalerweise als Hoheitsgebiet der „unternehmerischen
Freiheit" gelten. Hier geht es um Produktpaletten, um Beschäftigungszahlen
oder Outsourcing. Zwar hat der Betriebsrat auch bei einer Betriebsänderung
keinen rechtlichen Zugriff in dem Sinne, dass er die Entscheidungen des
Arbeitgebers unmittelbar – etwa durch Einschaltung einer Einigungsstelle
– beeinflussen kann. Jedoch sind seine Handlungsmöglichkeiten hier erweitert. Das Betriebsverfassungsgesetz gibt ihm dafür zwei Vereinbarungsfor-
men: den Sozialplan und den Interessenausgleich. Mit dem Interessenausgleich sollen – nach der Konzeption des § 112 BetrVG – unternehmerische
Entscheidungen inhaltlich beeinflusst werden, mit dem Sozialplan deren
nachteilige finanzielle Folgen abgefedert werden.

Ausgelöst wird dies durch die Betriebsänderung, eine im Betriebsverfassungsgesetz in § 111 beschriebene, umfassende und in der Regel für
die Beschäftigten nachteilige Veränderung des Betriebs. Die kann in einem
Personalabbau, in einer Umstrukturierung, in einer Verlegung des Betriebs
oder Ähnlichem bestehen.

Die Möglichkeiten des Betriebsrats in dieser Situation sind in
mehrerer Hinsicht außergewöhnlich: So gilt der Vorbehalt, dass tarifvertrag-
liche Vorschriften seine Mitbestimmungsrechte begrenzen, hier nicht. Auch
ein parallel verhandelter Rationalisierungsschutz- oder Sozialtarifvertrag
hindert ihn also nicht, mit Nachdruck zu agieren und eigene Ziele zu verfolgen. Im Gegenteil, solche parallel geführten Verhandlungen unterstützen
ihn eher, weil für einen solchen, von der Gewerkschaft ausgehandelten
Tarifvertrag keine Friedenspflicht besteht (BAG vom 24.04.2007 – 1 AZR
252/06). Werden beide Verhandlungen – zwischen Betriebsrat und Arbeitgeber über den Sozialplan und zwischen Gewerkschaft und Arbeitgeber über
den Sozialtarifvertrag – geführt, ist also auch ein Arbeitskampf möglich, der
gem. § 74 Abs. 2 BetrVG ausgeschlossen wäre, wenn die Verhandlungen nur
um den Sozialplan gingen. Eine saubere Trennung zwischen beiden Ver-
einbarungsformen ist erst dann wieder nötig, wenn die Vereinbarungen
nach Abschluss der Verhandlungen schriftlich fixiert werden. Hier verlangt

die Rechtsprechung eine klare Trennung, damit erkennbar wird, welche Vereinbarung welchem Verhandlungspartner zuzuordnen ist (BAG vom 15.04.2008 – 1 AZR 86/07).

2   Konsequentes Handeln bei einer Betriebsänderung setzt die Kenntnis der rechtlichen Möglichkeiten voraus, die sich bieten. Nur wenn der Betriebsrat diese einschätzen kann und die Grenzen des Arbeitgebers kennt, wird er als Verhandlungspartner eine starke Rolle spielen können. Die Instrumente in dieser Situation sind: Interessenausgleich, Sozialplan, Nachteilsausgleich, Informationsrechte, Einigungsstelle, arbeitsgerichtliche Verfahren, Einsatz von Sachverständigen, Schulungen und Öffentlichkeitsarbeit.

1.1 Interessenausgleich

3   Wer eine Erklärung dafür haben will, was ein Interessenausgleich ist, sucht im Betriebsverfassungsgesetz vergeblich. In § 112 Abs. 1 BetrVG ist lediglich bestimmt, dass er schriftlich niederzulegen und von Betriebsrat und Arbeitgeber zu unterschreiben ist. Ist die Einigung hierauf nicht möglich, kann gem. § 112 Abs. 2 Satz 1 BetrVG die Einigungsstelle und/oder Agentur für Arbeit als Vermittlungsinstanz angerufen werden. Eine Einschränkung hiervon enthält allerdings § 118 Abs. 1 Satz 2 BetrVG: Danach muss in Tendenzbetrieben kein Interessenausgleich versucht werden. (Das hat Folgen für die Verpflichtung, den Sozialplan zu verhandeln, siehe hierzu Rz. 66.) Weicht der Arbeitgeber von einem einmal abgeschlossenen Interessenausgleich ab oder versucht er erst gar nicht, ihn mit dem Betriebsrat abzuschließen, kann den Beschäftigten ein Anspruch auf Nachteilsausgleich gem. § 113 BetrVG zustehen. Der interessiert uns allerdings hier nur insoweit, als dass er als Folge eines gesetzwidrigen Verhaltens des Arbeitgebers vorgesehen ist.

4   Aus der Rechtsprechung wissen wir, was der Gesetzgeber eigentlich mit dem Interessenausgleich gemeint hat: eine Einigung zwischen Betriebsrat und Arbeitgeber darüber, ob, wann und in welcher Form die Betriebsänderung stattfinden soll (BAG vom 27.10.1987 – 1 ABR 9/86). Dabei liegt die Betonung auf „Einigung". Es ist nicht so, dass der Betriebsrat den ihm vom Arbeitgeber vorgelegten Plänen nur zustimmen soll. Leitbild des BetrVG ist vielmehr, dass diese gemeinsam von beiden entwickelt werden. Deshalb ist es auch meist zu spät, wenn der Arbeitgeber den Betriebsrat über sein Vorhaben erst dann unterrichtet, wenn er schon weiß, was im Einzelnen passieren soll. Er muss ihn vielmehr gem. § 111 BetrVG bereits dann einbeziehen, wenn er selber noch im Planungsstadium ist und die maßgeblichen Gremien noch

keine abschließenden Entscheidungen getroffen haben, da andernfalls die Vorschläge des Betriebsrats nicht mehr berücksichtigt werden können (Fitting, § 111 Rz. 107 ff.). Ein Interessenausgleich „auf Vorrat" oder ein „Rahmeninteressenausgleich" für zukünftige, bislang ungeplante Betriebsänderungen ist deshalb ebenfalls nicht möglich. Erst wenn feststeht, welche Veränderungen der Arbeitgeber plant, kann eine Auseinandersetzung hierüber stattfinden. Vereinbarungen, die über einen längeren Zeitraum alle nur denkbaren Entwicklungen inhaltlich erfassen sollen, machen daher den Interessenausgleich für den Einzelfall nicht überflüssig (BAG vom 19.01.1999 – 1 AZR 838/98, AiB 2000,166).

5   Die Themen, die im Interessenausgleich geregelt werden können, sind in keiner Weise eingeschränkt. Typisch sind etwa Vereinbarungen zum Verzicht auf betriebsbedingte Kündigungen oder Fremdfirmeneinsatz bei anstehendem Personalabbau, zur Installation von paritätisch besetzten Steuerkreisen bei der Einführung einer neuen Arbeitsorganisation (z.B. Gruppenarbeit) oder zum zeitlichen oder organisatorischen Ablauf der Betriebsänderung. Auch Namenslisten, die die zu Kündigenden enthalten, haben wieder Konjunktur. Dazu mehr unter Rz. 15 f.

6   Es besteht auch keine Begrenzung auf Sachverhalte, die mit den vom Arbeitgeber geplanten Maßnahmen in unmittelbarem Zusammenhang stehen. Wenn der Betriebsrat es für richtig hält, die beabsichtigte Einstellung einer wichtigen Produktlinie nicht zu verhindern, das aber durch den Aufbau eines völlig neuen Geschäftsfelds kompensieren will, so kann er auch versuchen, dies im Rahmen der Gespräche über einen Interessenausgleich durchzusetzen.

Beispiel

7 ▶ Ein Unternehmen, das im Wesentlichen Großhandel mit Oberbekleidung betreibt, aber in geringem Umfang auch noch selber spezielle Kleidungsstücke entwirft und Muster in einer eigenen Schneiderei herstellt, möchte diesen Betriebsteil endgültig aufgeben. Die Tätigkeiten sollen von einer Schwesterfirma in London übernommen werden. Der Betriebsrat, der die Maßnahme als solche für richtig hält, verhandelt mit dem Arbeitgeber darüber, ein neu geplantes Lager für den nordeuropäischen Raum als Ersatz für die Musterschneiderei am Ort anzusiedeln und den Beschäftigten die Möglichkeit zu geben, dort weiterzuarbeiten.

Lässt der Arbeitgeber sich auf diese Vorschläge ein und werden entsprechende Regelungen schriftlich fixiert, so existiert zwischen den

Beteiligten ein Interessenausgleich im besten Sinne des Wortes: Der Arbeitgeber ist einen nicht mehr gewollten Betriebsteil losgeworden, und die Beschäftigten haben die Chance bekommen, auf einem anderen Arbeitsplatz weiterzuarbeiten, auch wenn der eigentlich weniger qualifizierte Arbeitnehmer/-innen verlangt. Gleicht der Sozialplan dann noch die dadurch hervorgerufenen Einkommensverluste aus, hat der Betriebsrat unter den gegebenen Umständen ein sehr gutes Ergebnis erzielt.

8   Allen Regelungen im Rahmen eines Interessenausgleichs ist gemeinsam, dass sie tief in die wirtschaftliche Betätigungsfreiheit des Arbeitgebers hineinreichen. Ob es darum geht, einen Standort überhaupt zu erhalten oder ob nur die Bedingungen des Erhalts zu vereinbaren sind: Immer handelt es sich um Entscheidungen, für die die Arbeitgeber üblicherweise die Mitbestimmungsfreiheit reklamieren, weil grundlegende Fragen der unternehmerischen Betätigung betroffen sind.

9   Bei der Betriebsänderung ist dies im Grunde nicht anders: Der Arbeitgeber kann, er muss sich aber nicht auf die Vorschläge des Betriebsrats einlassen. Eine Durchsetzung auf juristischem Weg ist nicht vorgesehen. Insofern scheint der Interessenausgleich keine besonderen Vorzüge zu bieten.

10   Das täuscht jedoch, denn ein wenig besser ist die Position des Betriebsrats bei der Betriebsänderung schon. Die Konstruktion im Gesetz ist allerdings ungewohnt und erfordert von den Betriebsräten daher ein strategisches Vorgehen. Das Gesetz gibt dem Betriebsrat nämlich kein eigenes Recht, mit dem er seinen Forderungen Nachdruck verleihen kann, sondern droht dem Arbeitgeber an anderer Stelle mit Konsequenzen, wenn er den Interessenausgleich vernachlässigt. Die für den Arbeitgeber unangenehme Konsequenz ist ein spezieller Schadenersatzanspruch der Beschäftigten, wenn er den Interessenausgleich gar nicht versucht oder später doch anders agiert, als darin vereinbart. Das Betriebsverfassungsgesetz nennt diesen Schadenersatz „Nachteilsausgleich". Er ist in § 113 BetrVG geregelt.

10a   Das Risiko für den Arbeitgeber ist daher ein finanzielles, wenn er sich nicht so verhält, wie vom Betriebsverfassungsgesetz vorgesehen, also mit dem Betriebsrat keinen Interessenausgleich versucht. Der Betriebsrat muss wissen, dass es dieses Risiko des Arbeitgebers gibt und ihm zur richtigen Zeit mitteilen, dass er es nicht nur kennt, sondern auch gewillt ist, in den Verhandlungen daraus einen Vorteil zu ziehen. Das funktioniert aber nur – und hier ist der Punkt, an dem er um die Ecke denken muss – wenn der Betriebsrat nicht von sich aus die Verhandlungen um den Interessenausgleich forciert. Er darf einen Interessenausgleich nicht unterschreiben, bevor die Verhandlungen – auch die um den Sozialplan – zu seiner Zufriedenheit abgeschlossen sind. Untätigkeit bei der Verhandlung des Interessenausgleichs geht immer zulasten des Arbeitgebers, zu viel Eifer des Betriebsrats ist dagegen in der Regel für die Beschäftigten eher schädlich. Warum der Interessenausgleich nicht mit Nachdruck betrieben wurde, ist dabei völlig egal. Die Rechtsprechung stellt sich auf den Standpunkt, dass der Arbeitgeber die Möglichkeit hat, durch eigenes Handeln dieses Risiko des Nachteilsausgleichs zu vermeiden. Macht er das nicht, treffen ihn die finanziellen Folgen.

10b   Vermeiden kann er sie, wenn er entweder den Betriebsrat zu einer Unterschrift auf einer Vereinbarung bewegt, die Interessenausgleich heißt, oder zumindest versucht, diesen unter Vermittlung der Einigungsstelle zu erreichen (BAG vom 18.12.1984 – 1 AZR 176/82). Mehr als vermitteln kann die Einigungsstelle allerdings nicht, also auch nicht gegen den Willen des Betriebsrats einen Interessenausgleich beschließen. Der Arbeitgeber muss daher zunächst auf den Betriebsrat zur Verhandlung eines Interessenausgleichs zugehen, steht dabei aber nicht unter dem Zwang, sich mit ihm inhaltlich verständigen zu müssen. Er kann die Verhandlungen auch scheitern lassen, muss dafür aber die Einigungsstelle bemühen. Obwohl die Einflussmöglichkeiten des Betriebsrats in dieser Konstellation gering sind, sollte er dennoch selber Vorschläge entwickeln. Zumindest wird damit eine zeitliche Verzögerung der Umsetzung bewirkt. Die kann für den Arbeitgeber so unangenehm sein, dass es für ihn besser ist, sich doch den Anliegen des Betriebsrats zu öffnen. Verlieren kann der Betriebsrat durch ein solches Verhalten nichts. Der Arbeitgeber, der unwillig ist, sich im Interessenausgleich den Anliegen des Betriebsrats zu öffnen, wird diese Position nicht deshalb ändern, weil der Betriebsrat so gute Argumente hat. Also kann man ihn gefahrlos dem Risiko aussetzen, das das Betriebsverfassungsgesetz als Konsequenz für ein solches Verhalten vorsieht, nämlich dem drohenden Nachteilsausgleich.

11   Wenn der Arbeitgeber sich endgültig auf die Durchführung der Betriebsänderung in einer bestimmten Art und Weise festlegt und sogar schon mit deren Umsetzung beginnt, ist ein Interessenausgleich nicht mehr möglich (BAG vom 30.03.2004 – 1 AZR 7/03). Hier existiert keine Offenheit mehr für Alternativvorstellungen des Betriebsrats, folglich ist der Interessenausgleich entweder gescheitert oder aber gar nicht versucht worden.

„Nachgeschobene" Verhandlungsbereitschaft kann den Umstand, dass Fakten geschaffen wurden, nicht mehr beseitigen.

12 Der Arbeitgeber ist also verpflichtet, den Interessenausgleich zu verhandeln, andernfalls setzt er sich dem Risiko von in ihrer Höhe unkalkulierbaren Ansprüchen der Arbeitnehmer/-innen auf Nachteilsausgleich aus. Viele Arbeitgeber lassen sich nur auf Verhandlungen über den Interessenausgleich ein, weil sie entweder die andernfalls durch die Betriebsänderung verursachten Kosten kaum abschätzen können oder weil sie einen Freibrief für Kündigungen in Form einer abgestimmten Namensliste benötigen. Diese „Notlage" bezüglich unkalkulierbarer Kosten muss der Betriebsrat erkennen und für sich nutzen. Sie wird umso größer, je enger die Unternehmen in Konzernstrukturen und Budgets eingebunden sind, weil die lokalen Geschäftsführer für deren Überschreitungen gegenüber den Müttern später geradestehen müssen. Daher ist es auch unbedingt erforderlich, darauf zu achten, ob der Arbeitgeber den Betriebsrat wirklich rechtzeitig einbezieht und ihn nicht vor vollendete Tatsachen stellt. Besonders in konzernabhängigen Unternehmen ist dies häufig der Fall, in denen die Geschäftsführungen real keine eigenen Entscheidungsbefugnisse haben und nur die Vorgaben der Konzernmutter umsetzen. Hier ist der Interessenausgleich von vornherein nicht gewollt. In dieser Lage sollte der Betriebsrat seine Unterschrift unter ein Papier mit der Überschrift „Interessenausgleich" nicht voreilig leisten. Sie hat - salopp ausgedrückt - ihren Preis, der höher ist als bei einem rechtstreuen Arbeitgeber (zu diesem Thema ausführlicher Rz. 70 ff.).

13 Die Betriebsänderung gibt dem Betriebsrat neben rechtlichen auch politische Mittel: Er kann von sich aus die Vermittlung externer Personen (Einigungsstelle, Agentur für Arbeit) bei der Verhandlung des Interessenausgleichs in Anspruch nehmen - auch gegen den Willen des Arbeitgebers. Außerdem finden derart große betriebliche Veränderungen häufig vor den Augen einer kritischen Öffentlichkeit statt - in Zeiten verstärkter Imagepflege ein Anreiz für den Arbeitgeber, sich kooperativ zu verhalten.

14 Es kommt in dieser Lage also in erster Linie darauf an, dass der Betriebsrat das Selbstbewusstsein aufbringt, dem Arbeitgeber Vorschläge im Bereich der wirschaftlichen Gestaltung zu machen, in dem sich dieser üblicherweise für klüger hält. Der Betriebsrat darf sich jedoch nicht mit einer vermeintlichen Unterlegenheit abfinden. Oft genug sind die Konzepte des Arbeitgebers selber unausgegoren und verfolgen nur das Ziel, Handlungsfähigkeit des Managements zu demonstrieren oder gar unsinnigen Anforderungen einer entfernten Konzernleitung nachzukommen. Gerade dann

kommt es darauf an, Gegenvorschläge so einzubringen, dass sie nicht schon deshalb auf taube Ohren stoßen, weil sie vom Betriebsrat kommen. Besser ist es, sich auf eine gemeinsam getragene sachverständige Untersuchung von Alternativen zu einigen, deren Vorschläge ein Management besser aufgreifen kann als die Vorschläge seines unmittelbaren Gegenspielers.

15 Manchmal kommt es vor, dass der Arbeitgeber selber ein erhebliches Interesse am Abschluss – nicht nur an der Verhandlung – eines Interessenausgleichs hat. Dann will er im Regelfall mit dem Betriebsrat darin eine Liste derjenigen Arbeitnehmer/-innen vereinbaren, die zur Kündigung anstehen. Die Aufnahme einer solchen Liste in den Interessenausgleich – oder als Anhang hierzu – hat fatale Konsequenzen für die darin Genannten: Gem. § 1 Abs. 5 KSchG ist dies für die Gerichte praktisch die Bestätigung, dass die Kündigung in jeder Hinsicht in Ordnung ist (BAG vom 03.04.2008 – 2 AZR 879/06). Mit diesem Mittel ist fast alles möglich, auch eine an sich unzulässige Differenzierung zwischen den Beschäftigten anhand von künstlich geschaffenen Altersgruppen, deren Angehörige dann nur noch untereinander hinsichtlich der sozialen Schutzwürdigkeit verglichen werden, aber nicht mehr mit den Angehörigen der anderen Gruppen (BAG vom 25.12.2001 – 2 AZR 42/10). Gerechtfertigt wird diese Aufgabe des Grundsatzes, dass bei betriebsbedingten Kündigungen zuerst diejenigen das Unternehmen verlassen müssen, die die besten Chancen auf dem Arbeitsmarkt haben, mit dem Argument, dass bei einem Personalabbau, der die Schwelle zur Massenentlassung gem. § 15 KSchG erreicht (was bei einer Betriebsänderung immer der Fall ist), immer die bestehende Altersstruktur der Belegschaft des Unternehmens gefährdet ist (BAG vom 22.3.2012 – 2 AZR 167/11). Damit kann im Rahmen einer Namensliste praktisch jede Auswahl gerechtfertigt werden. Das BAG geht sogar noch weiter: Nicht nur erklärt es den Bestand einer wie auch immer gearteten Altersstruktur zu einem höheren Gut als den individuellen Kündigungsschutz, sondern es weitet die Wirkung der von der Namensliste ausgehenden Vermutung der Rechtmäßigkeit der Kündigung – gegen den Wortlaut des Gesetzes – auch noch auf das Vorliegen dringender betrieblicher Erfordernisse für die Kündigung aus (BAG vom 07.05.1998 – 2 AZR 536/9). Unabhängig von der Bewertung dieser Rechtsprechung müssen Betriebsräte wissen, was ihre Unterschrift unter einen Interessenausgleich mit Namensliste bewirkt: die praktisch vollständige Beseitigung des Kündigungsschutzes. Da nützt es wenig, wenn bei Ausspruch der Kündigung der Betriebsrat erneut gem. § 102 BetrVG gehört werden muss (BAG vom 28.08.2003 – 2 AZR 377/02).

15a   Der Reiz der Namensliste für Arbeitgeber ist so groß, dass sogar versucht wird, die Zustimmung des Betriebsrats dazu in Situationen zu erhalten, die die Schwelle zur Betriebsänderung gar nicht überschreiten. Das geht jedoch ins Leere: Das Vorliegen einer Betriebsänderung ist die zwingende Voraussetzung für die Wirksamkeit der Namensliste – auch wenn Betriebsräte sich trotzdem darauf einlassen (BAG vom 31.05.2007 – 2 AZR 254/06). Umgekehrt kommt es auch vor, dass Arbeitgeber die Aufstellung einer solchen Namensliste verlangen, selbst wenn sie ihnen überhaupt nichts bringt, etwa wenn der ganze Betrieb stillgelegt wird. Dann gibt es weder eine Sozialauswahl noch Zweifel daran, dass die Arbeitsplätze wegfallen. Dennoch sitzt der Glaube an das Instrument „Namensliste" mittlerweile so tief, dass selbst in dieser Situation noch in den Verhandlungen fi- nanzielle Zugeständnisse gemacht werden, wenn der Betriebsrat sich auf die Namensliste einlässt. Auch solche Irrwege seines Gegenübers muss der Betriebsrat erkennen und in den Verhandlungen seinen Vorteil daraus ziehen.

16   Damit bietet der Interessenausgleich einiges an Möglichkeiten für Arbeitgeber wie auch Betriebsrat und damit die Beschäftigten. Wichtig ist aber, dass er immer eine freiwillige Regelung ist. Weder kann der Betriebsrat dem Arbeitgeber seine Vorstellungen im Rahmen der Einigungsstelle aufzwingen, noch umgekehrt der Arbeitgeber eine von ihm gewünschte Liste der zu Kündigenden durchsetzen. Der Arbeitgeber, der sich überhaupt nicht auf einen Interessenausgleich einlassen will, hat auch Möglichkeiten, diesen ohne Risiko zu umgehen, wenn er sich an das vorgesehene Verfahren – also Scheitern der Verhandlungen erst in der Einigungsstelle – hält. In diesem Fall hat es für den Betriebsrat wenig Sinn, sich auf kraftraubende Diskussionen und Verhandlungen einzulassen. Er sollte vielmehr die Beschäftigten über ihre Möglichkeiten aufklären, Ansprüche auf Nachteilsausgleich geltend zu machen, wenn der Arbeitgeber entweder überhaupt keine Initiative erkennen ließ oder den Betriebsrat zu spät oder unzureichend beteiligt hat.

17   Dasselbe gilt für die spätere Durchsetzbarkeit: Der Betriebsrat hat nach der Rechtsprechung des BAG keinen eigenen Anspruch auf Einhaltung und Durchführung der Vereinbarungen im Interessenausgleich (BAG vom 28.08.1991 – 7 ABR 72/90). Will er sich solche Rechte einräumen lassen, so muss hierüber eine gesonderte Vereinbarung getroffen werden, die etwa wie folgt aussehen könnte:

Beispiel

18 ▶ Betriebsrat und Arbeitgeber sind sich darüber einig, dass die Vereinbarungen in diesem Interessenausgleich verbindlich sind. Verbindlichkeit bedeutet, dass der Arbeitgeber sich gegenüber Beschäftigten und dem Betriebsrat ausdrücklich und in Kenntnis der Rechtsprechung des BAG zu deren Einhaltung verpflichtet. Betriebsrat und Beschäftigte haben einen eigenen Durchsetzungsanspruch, den sie auch klageweise geltend machen können. Bei einer Kündigung vor Abschluss der Betriebsänderung wirkt der Interessenausgleich so lange nach, bis er durch eine neue Vereinbarung ersetzt wird.

19 Sinn hat eine solche Regelung allerdings nur, wenn auch Durchsetzbares vereinbart wurde, etwa das Angebot von Schulungen, Wiedereinstellung oder Ähnlichem. Diese Vereinbarung ist kündbar wie eine Betriebsvereinbarung, wirkt aber trotz Beendigung bis zum Abschluss einer neuen Vereinbarung zu den in ihr behandelten Themen nach, wenn das wie im Beispieltext vereinbart wird. Einigt man sich nicht auf eine Folgeregelung oder eine Aufhebung, muss die Einigungsstelle entscheiden, wie es nach der Kündigung weitergeht (BAG vom 28.4.1998 – 1 ABR 43/97). Kommt eine solche nicht zustande, ersetzt der Spruch der Einigungsstelle die Einigung zwischen Arbeitgeber und Betriebsrat. § 76 Abs. 5 BetrVG findet Anwendung.

20 Auch wenn es sich beim Interessenausgleich um eine Vereinbarung handelt, die ausschließlich an der jeweiligen Betriebsänderung und damit der betrieblichen Situation orientiert ist, lassen sich bestimmte typische Regelungsthemen herausfiltern, die immer wieder von den Betriebsparteien als regelungsbedürftig angesehen werden. Diese kann der Betriebsrat als eine Art Checkliste benutzen, um zu prüfen, ob solche Regelungen in seiner Situation sinnvoll sind.

21 *Bei Personalabbau:*
▶ Überstundenverbot
▶ Ausschluss der Fremdvergabe von Leistungen
▶ Qualifikationsmaßnahmen
▶ kollektive Arbeitszeitreduzierung bei entsprechenden tariflichen Regelungen (z.B. Banken und Versicherungen)
▶ Kapazitätsauslastung durch Lagerhaltung
▶ Überbrückung durch Betriebsferien oder Kurzarbeit
▶ Angebot von Teilzeitarbeitsplätzen
▶ Einstellungsstopp

- ▶ Richtlinien für die soziale Auswahl
- ▶ Abbau von Leiharbeit
- ▶ besondere Beteiligungsrechte für den Betriebsrat
- ▶ Festlegung der zu entlassenden Beschäftigten.

22   *Bei Umstrukturierungsmaßnahmen:*
- ▶ gemeinsame Ausschüsse (Steuerkreise) zwischen Betriebsrat und Arbeitgeber zur Begleitung der Maßnahmen
- ▶ Ausschluss betriebsbedingter Kündigungen
- ▶ Verteilung der Beschäftigten auf neu zu gründende Unternehmen.

23   Die Zuordnung der Beschäftigten in einem Interessenausgleich auf neu zu gründende Unternehmen ist im Rahmen einer förmlichen Umwandlung gem. § 323 Abs. 2 UmwG bindend und nur auf grobe Fehlerhaftigkeit überprüfbar. Der Arbeitgeber spart sich mit einer solchen Vereinbarung erhebliche Rechtsunsicherheiten, die dadurch entstehen, dass Beschäftigte versuchen, gerichtlich die Beschäftigung bei einem anderen Unternehmen durchzusetzen. Auch wenn bei Umstrukturierungen außerhalb des Umwandlungsgesetzes solche Listen erstellt werden, dürften die Gerichte die vorgenommene Zuordnung als richtig anerkennen. Richter/-innen verspüren in der Regel wenig Neigung, ihre Auffassung der betrieblichen Situation für richtiger zu halten als die der Betriebsparteien.

24   Grundsätzlich sollte darauf geachtet werden, dass der Interessenausgleich eine genaue Beschreibung hinsichtlich Zeit und Umfang der geplanten Maßnahmen enthält, damit später sicher festgestellt werden kann, wann und ob es Abweichungen hiervon gegeben hat. Solche Abweichungen können zur Begründung von Nachteilsausgleichsansprüchen herangezogen werden und beseitigen nach dem Wortlaut von § 1 Abs. 5 KSchG die Wirkung einer Namensliste, wenn sie wesentlich sind.

1.2 Sozialplan

25   Der Sozialplan dient dem „Ausgleich oder (der) Milderung der wirtschaftlichen Nachteile, die den Arbeitnehmern infolge der geplanten Betriebsänderung entstehen" (§ 112 Abs. 1 BetrVG). Er muss in schriftlicher Form – also nicht nur als Datei im Intranet – vorliegen und von Arbeitgeber und Betriebsrat unterzeichnet werden. Anders ist es, wenn er in der Einigungsstelle beschlossen wird. Dann gilt das dort übliche Verfahren (vgl. Rz. 90 ff.).

26 Die bekanntesten Regelungen im Sozialplan sind die Abfindungen für den Verlust des Arbeitsplatzes. Hier existieren verschiedene Formeln und Systeme, die zur Ermittlung der Abfindungshöhe dienen (vgl. Rz. 122 ff.). Die Auszahlung der Abfindung kann in einem Betrag erfolgen oder in mehreren Raten, die jeweils davon abhängen, dass weiterhin Arbeitslosigkeit besteht (vgl. den Fall in BAG vom 31.07.1996 – 10 AZR 138/96, AiB 1997, 350). Allerdings müssen hier die steuerrechtlichen Folgen beachtet werden (vgl. Rz. 383).

27 Damit sind die Möglichkeiten des Sozialplans jedoch längst nicht erschöpft. Keineswegs jede Betriebsänderung bezweckt einen Arbeitsplatzabbau oder hat diesen zumindest zur Folge. Nachteile können auch darin bestehen, dass ein Betrieb seinen Sitz verlegt und die Beschäftigten hierdurch höhere Fahrtkosten haben oder eine Änderung der Arbeitsorganisation Änderungskündigungen nach sich zieht, weil bestimmte höherqualifizierte Arbeitsplätze nicht mehr zur Verfügung stehen.

28 Der Ausgleich kann auch anders als in Geld erfolgen, etwa bei einer Verlegung des Betriebs an einen anderen Ort:

Beispiel

29 ▶ Ein alteingesessener Betrieb der Textilindustrie hat seit der Gründung im vorigen Jahrhundert seinen Standort im Zentrum einer westfälischen Großstadt. Da bei der Produktion, insbesondere der Färbung der Stoffe, erhebliche Schadstoffe anfallen, werden die Probleme mit der Kommune immer größer, weil deren Kläranlage schon die sonstigen Abwässer nicht mehr bewältigen kann. Der Bau einer eigenen Kläranlage am Standort ist nur möglich, wenn teures Bauland im Innenstadtbereich dazugekauft wird. Daher entschließt sich der Arbeitgeber dazu, die Produktionsstätte in ein am Stadtrand gelegenes, neu ausgewiesenes Gewerbegebiet zu verlegen.

Der Betriebsrat stimmt dieser Maßnahme zu, weil er sich eine Verbesserung der Arbeitsbedingungen in den neuen Räumen erhofft. Allerdings gibt es ein Problem: Die Arbeitnehmer/-innen sind bislang fast alle mit öffentlichen Verkehrsmitteln zur Arbeit gekommen, was auf absehbare Zeit wegen der schlechten Anbindung des Gewerbegebiets nur noch eingeschränkt möglich sein wird. In einem Sozialplan setzt der Betriebsrat daher die Einrichtung eines kostenlosen Pendelbusverkehrs durch, der jeweils zu Schichtbeginn und -ende die Beschäftigten von der Innenstadt in das Gewerbegebiet bringt.

30 Wie auch beim Interessenausgleich sind Arbeitgeber und Betriebsrat fast völlig frei in der Gestaltung, wie sie die wirtschaftlichen Nachteile der Beschäftigten in einem Sozialplan ausgleichen wollen (BAG vom 20.04.1994 – 10 AZR 323/93). Es gibt nur wenige, schon fast als Todsünden zu bezeichnende denkbare Fehler, etwa den Ausschluss von Elternzeiten aus der Berechnung der Betriebszugehörigkeit (BAG vom 21.10.2003 – 1 AZR 407/02) oder eine Missachtung der Differenzierungsverbote aus dem AGG (vgl. hierzu Rz. 372). Dagegen akzeptiert die Rechtsprechung sowohl eine lediglich am Alter differenzierte Behandlung bei der Entscheidung, ob Beschäftigte eine Abfindung oder einen Zuschuss zum Vorruhestand erhalten (BAG vom 30.09.2008 – 1 AZR 684/07 und vom 26.03.2013 – 1 AZR 813/11) als auch den vollständigen Ausschluss derjenigen aus der Zahlung der Abfindung, die unter Mitwirkung des Arbeitgebers auf einen neuen Arbeitsplatz vermittelt werden (BAG vom 22.03.2005 – 1 AZR 3/04). Nicht einmal der eiserne Grundsatz, dass bestehende tarifliche Regeln die Möglichkeiten der Betriebsparteien begrenzen, gilt hier: Die Anwendung des § 77 Abs. 3 BetrVG (der sogenannte Tarifvorbehalt) ist in § 112 Abs. 1 BetrVG ausdrücklich ausgeschlossen (zu den Regelungsinhalten vgl. auch Rz. 297 ff.). Die vereinbarten Leistungen stellen auch lediglich eine Untergrenze dar. Der Arbeitgeber ist frei darin, später noch einmal „draufzusatteln", etwa um einzelne Beschäftigte zum Abschluss von Aufhebungsverträgen zu motivieren. Er muss bei seinen weiter gehenden Angeboten lediglich den Gleichbehandlungsgrundsatz beachten (BAG vom 18.09.2001 – 3 AZR 656/00).

31 Der Arbeitgeber kann den Abschluss eines Sozialplans praktisch nicht verhindern. Wenn eine Betriebsänderung geplant ist, kann der Betriebsrat dem Arbeitgeber einen Sozialplan über die Einigungsstelle „aufzwingen" (die einzigen Ausnahmen hiervon sind in Rz. 96 ff. beschrieben).

32 Nicht nur der Betriebsrat hat im Fall des Sozialplans bessere Möglichkeiten, sich durchzusetzen. Auch die Betroffenen können später auf die Einhaltung der Vereinbarung pochen und die Zahlungen direkt gerichtlich geltend machen.

33 Diese Situation ist deshalb günstiger, weil im Sozialplan geregelt wird, in welcher Höhe den Beschäftigten Abfindungen oder andere Leistungen zustehen. Hier muss also nicht erst vor Gericht der Beweis geführt werden, dass tatsächlich wirtschaftliche Nachteile entstanden sind und schon gar nicht darüber, welcher finanzielle Ausgleich hierfür angemessen ist. Beides ergibt sich unmittelbar aus dem Sozialplan. Sind die dort genannten Voraussetzungen bei der jeweiligen Person gegeben - etwa Ver-

lust des Arbeitsplatzes oder notwendiger Wohnungswechsel – besteht auch ein Anspruch auf die dafür vereinbarten Leistungen.

34 Im Gegensatz zum Interessenausgleich existiert rechtlich keinerlei Zeitdruck für den Sozialplan: Dieser kann sogar nach Abschluss einer Betriebsstilllegung vereinbart werden, wenn der Betriebsrat eigentlich gar nicht mehr im Amt ist. Für diese Aufgabe hat er ein Restmandat gem. § 21b BetrVG. In diesem Rahmen kann sogar ein bereits geschlossener Sozialplan noch einmal zulasten der Beschäftigten abgeändert werden, wenn andernfalls die Existenz des Unternehmens bedroht ist (BAG vom 05.10.2000 – 1 AZR 48/00).

35 Weil Sozialplan und Interessenausgleich sich in ihrer Erzwingbarkeit und der Durchsetzbarkeit der getroffenen Vereinbarungen unterscheiden, ist es in bestimmten Situationen wichtig für den Betriebsrat zu wissen, welches seiner Regelungsziele in welche Vereinbarung gehört.

Beispiel

36 ▶ Ein Lieferant von Kunststoff-Türverkleidungen verliert im Rahmen der Umstrukturierung der Automobilindustrie seinen wichtigsten Abnehmer. Daraufhin entschließt sich der Inhaber, die Produktion derartiger Teile völlig einzustellen und in dem Betrieb Kunststoffrecycling zu betreiben. Infolgedessen entfällt ein erheblicher Teil der bisherigen Beschäftigungsmöglichkeiten. Im gleichen Umfang entstehen allerdings auch neue Arbeitsplätze, die aber andere, zum Teil höhere Qualifikationen bei den Beschäftigten voraussetzen. Damit die Belegschaft komplett übernommen wird, vereinbaren Arbeitgeber und Betriebsrat in einem mit der Überschrift „Sozialplan und Interessenausgleich" versehenen Papier, dass diese Qualifikation während der Arbeitszeit und auf Kosten des Unternehmens erworben werden kann.

Später merkt der Arbeitgeber, dass nicht nur die hiermit verbundenen Kosten erheblich sind, sondern dass er auch weitaus preiswertere Fachkräfte am Arbeitsmarkt bekommen kann. Daher teilt er dem Betriebsrat mit, dass er die Zusage in der Vereinbarung bezüglich der Qualifikationsmaßnahmen aus zwingenden finanziellen Gründen nicht mehr aufrechterhalten kann.

37 Hier wird es für die Arbeitnehmer/-innen entscheidend sein, ob die Regelung zu den Qualifikationsmaßnahmen Thema des Interessenausgleichs oder des Sozialplans ist. Im ersten Fall haben sie nur einen Anspruch auf

Nachteilsausgleich gem. § 113 BetrVG, im zweiten Fall können sie gerichtlich die Freistellung für die Qualifizierung und deren Bezahlung durch den Arbeitgeber durchsetzen. Das vorrangige Interesse der Betroffenen dürfte auf die Durchsetzung der Qualifikationsmaßnahmen gerichtet sein, weil der Arbeitsplatz nur mit der Zusatzqualifikation erhalten bleibt. Auch die Chancen auf dem allgemeinen Arbeitsmarkt können dadurch nur erhöht werden. Die Rechtsprechung des BAG dagegen verneint die Zugehörigkeit von Qualifikationsmaßnahmen zum Sozialplan und ordnet sie dem Interessenausgleich zu (BAG vom 17.09.1991 – 1 ABR 23/91).

38   Auch wenn die Rechtsprechung die Maßnahmen zur Qualifizierung dem Interessenausgleich zuordnet, sollten Betriebsräte sich nicht davon abbringen lassen, sie in den Sozialplan – oder besser noch in eine separate Betriebsvereinbarung – aufzunehmen. Die Rechtsprechung besagt nur, dass die Maßnahmen nicht erzwingbar sind, sie legt aber nicht fest, in welcher Art von Vereinbarung sie in einer freiwilligen Einigung zu platzieren sind. Wichtig dagegen ist die Kenntnis der richtigen Zuordnung der einzelnen Regelungen zu den Vereinbarungstypen „Interessenausgleich" bzw. „Sozialplan", wenn die Einigungsstelle den Sozialplan durch Spruch aufstellen soll. Das geht nur bei Themen, die in den Sozialplan gehören. Für alle anderen ist sie unzuständig.

39   Die Missachtung dieser Grundregel in der Hoffnung darauf, der Arbeitgeber werde die Zwei-Wochen-Frist, innerhalb derer er beim Arbeitsgericht gem. § 76 Abs. 5 BetrVG den Sozialplan anfechten muss, versäumen, ist immer vergebens: Die Frist gilt nur, wenn es um Ermessensfragen geht, also etwa, ob die Einigungsstelle die Grenzen des § 112 Abs. 5 BetrVG beachtet hat. Die Unzuständigkeit der Einigungsstelle dagegen kann auch noch später festgestellt werden, mit der Folge, dass die entsprechenden Teile im Sozialplan unwirksam werden.

40   Auch dies sieht auf den ersten Blick nicht so dramatisch aus: Streicht das Arbeitsgericht etwa die Teile zur Verpflichtung des Arbeitgebers, Qualifikationsmaßnahmen anzubieten, wieder aus dem Sozialplan heraus, verbleibt schließlich nicht weniger, als wenn der Betriebsrat von vornherein auf die Aufnahme dieser Regelung verzichtet hätte. Dies aber ist zumeist eine Täuschung, denn der Betriebsrat wird für Zugeständnisse bei den Qualifikationsmaßnahmen an anderer Stelle – z.B. bei der Abfindungshöhe – Abstriche hinnehmen müssen. Verwirft später ein Arbeitsgericht den Teil, in dem sich das Anliegen des Betriebsrats niederschlägt, ist die dafür vereinbarte Kompensation weiterhin im Sozialplan vorhanden. Im Ergebnis

haben also die Beschäftigten u.U. weniger, als wenn der Betriebsrat von Anfang an darauf verzichtet hätte, diese nicht erzwingbaren Regelungen in den Sozialplan aufzunehmen.

41   Solange die Vereinbarung in freien Verhandlungen und nicht per Abstimmung in der Einigungsstelle zustande kommt, empfiehlt es sich immer, die bereits oben im Zusammenhang mit dem Interessenausgleich wiedergegebene Formulierung zur Durchsetzbarkeit mit aufzunehmen (vgl. Rz. 18). Nur mit einer solchen Ergänzung spielen die Unterschiede in der Verbindlichkeit keine Rolle mehr.

42   *Typische Regelungsthemen im Sozialplan sind:*
▶ Abfindung für den Verlust des Arbeitsplatzes
▶ Zuschläge zur Abfindung für besondere Belastungen (Schwerbehinderung, Unterhaltsverpflichtungen)
▶ Zulagen zur Einkommenssicherung bei Übertragung schlechter vergüteter Arbeitsplätze
▶ Zuschüsse zum Kurzarbeitergeld in Transfer- bzw. Beschäftigungsgesellschaften
▶ Kriterien für die Zumutbarkeit eines Ersatzarbeitsplatzes
▶ Stichtagsregelung für Betriebszugehörigkeit, Lebensalter usw.
▶ Verfahrensweise mit Sonderzahlungen (Urlaubs-/Weihnachtsgeld, vermögenswirksame Leistungen) im Jahr des Ausscheidens
▶ Fortführung von Personalrabatten
▶ Vorruhestand und Altersteilzeit
▶ Jubiläumsprämien
▶ Einrichtung und Bezuschussung von Beschäftigungsgesellschaften
▶ Eingliederungs- und Qualifikationsmaßnahmen mit Förderung durch die Agentur für Arbeit.

43   *Abfindungen*
Der Umfang von Abfindungszahlungen wird i.d.R. durch Formeln oder Tabellen festgelegt. Dabei ist zu berücksichtigen, dass das Finanzamt und u.U. die Agentur für Arbeit sich einen Teil dieses Geldes holen (vgl. die Darstellung im Anhang, „Agentur für Arbeit und Finanzamt verdienen mit", Rz. 380 ff.).

44   Liegt der durch die Betriebsänderung hervorgerufene Nachteil für die Beschäftigten in einer Einkommensminderung, wird diese zweckmäßigerweise dadurch ausgeglichen, dass die Beschäftigten die Differenz zu

der auf dem jeweiligen Arbeitsplatz geschuldeten Vergütung zum bisherigen Einkommen als Zulage erhalten. Diese sollte zumindest für einen längeren Zeitraum von Anrechnungen auf Tariflohnerhöhungen ausgenommen sein.

45   In Unternehmen, in denen keine Tarifbindung mehr besteht, sieht die Regelung einfacher aus: Hier muss „lediglich" eine Festschreibung der bisherigen Vergütung erfolgen, gleich, ob es innerbetrieblich eine Vergütungsgruppenordnung ähnlich der eines Tarifvertrags gibt oder nicht.

46   *Zumutbarkeit*
Der Zumutbarkeit eines Ersatzarbeitsplatzes kommt eine entscheidende Bedeutung zu, weil hiervon abhängt, ob der Arbeitgeber durch Zuweisung anderer Arbeitsplätze und hierdurch provozierte Eigenkündigungen Abfindungszahlungen umgehen kann. In der Regel entfällt dann die Abfindung oder reduziert sich zumindest, weil der Verlust des Arbeitsplatzes dann nicht mehr unmittelbar durch den Arbeitgeber herbeigeführt ist. Auch ein zwischenzeitlicher Betriebsübergang kann die Weiterarbeit schwierig machen, aber dennoch zum Verlust der Abfindung führen (BAG vom 05.02.1997 – 10 AZR 553/96). Selbst den bloßen Nachweis eines Arbeitsplatzes bei einem völlig anderen Arbeitgeber hat das BAG bei entsprechender Regelung im Sozialplan als ausreichend angesehen, um die Rechtsfolge des Verlusts der Abfindung auszulösen (BAG vom 19.06.1996 – 10 AZR 23/96, AiB 1997, 671). Umgekehrt ist es aber auch möglich, im Sozialplan immer dann einen Abfindungsanspruch an eine Eigenkündigung zu knüpfen, wenn der Arbeitgeber kein Angebot für einen zumutbaren Ersatzarbeitsplatz macht (BAG vom 13.02.2007 – 1 AZR 163/06).

47   Aspekte, die im Rahmen der Definition der Zumutbarkeit Berücksichtigung finden sollten, sind die finanzielle Ausstattung des neuen Arbeitsplatzes, die Anforderungen an die Qualifikation der Beschäftigten, bei Verlegung des Betriebssitzes die Erreichbarkeit der neuen Arbeitsstelle und ggf. mit einem Umzug verbundene soziale oder wirtschaftliche Härten (im Einzelnen vgl. Rz. 301).

48   Allerdings muss auch der Eindruck vermieden werden, mit den Zumutbarkeitskriterien solle dem Arbeitgeber verboten werden, auch unzumutbare Arbeitsplätze anzubieten. Verhindert werden soll damit lediglich, dass Beschäftigte, die solche Angebote ablehnen, deshalb Nachteile haben.

48a   Bei der Regelung der Zumutbarkeit lässt sich nur begrenzt auf Vorbilder aus anderen Vereinbarungen zurückgreifen. So kann je nach Belegschaftsstruktur der Wechsel zu einem anderen Betrieb des Unternehmens an einem entfernten Ort zumutbar sein oder auch nicht. Haben die Beschäftigten

– etwa Servicetechniker – ihre Arbeit bislang im Wesentlichen beim Kunden erbracht und nicht im Stammbetrieb, dürften ihnen der Wechsel leichter fallen als Beschäftigten, die auf Kindergartenplätze und Schulen für die Kinder vor Ort angewiesen sind. Entscheidend ist, dass der Einleitungssatz für eine Zumutbarkeitsregelung deren Anwendungsbereich richtig beschreibt, also nicht als Pflichten der Beschäftigten, sondern als Rechte. Das kann z.B. so aussehen:

Beschäftigte haben einen Anspruch auf Abfindung bei Verlust des Arbeitsplatzes auch dann, wenn sie einen durch den Arbeitgeber bzw. ein anderes konzernangehöriges Unternehmen angebotenen oder vermittelten anderen Arbeitsplatz ablehnen. Das Ablehnungsrecht besteht nicht, wenn die Annahme des angebotenen Arbeitsplatzes zumutbar ist. Zumutbar ist ein Arbeitsplatz, wenn er folgende Kriterien erfüllt:
(Die möglichen Kriterien werden in Rz. 301 ff. beschrieben.)

48b   Eine Verpflichtung zur Regelung der Zumutbarkeitskriterien besteht nicht. Nur wenn die Einigungsstelle über die Aufstellung des Sozialplans durch Spruch entscheidet, muss sie gem. § 122 Abs. 5 Nr. 2 BetrVG solche Beschäftigten von den Leistungen ausschließen, die einen zumutbaren Ersatzarbeitsplatz ablehnen. Wenn die Verhandlungen tatsächlich in dieses Stadium eintreten, muss der Betriebsrat darauf bestehen, dass diese Zumutbarkeit im Sozialplan selber definiert wird, weil die Beschäftigten andernfalls nicht wissen, welche Arbeitsplätze sie ablehnen können, ohne ihre Abfindung zu gefährden.

49   *Obergrenze für Abfindungen*
Nach dem Betriebsverfassungsgesetz gibt es keine Begrenzung der Abfindungshöhe, solange nicht die Einigungsstelle über die Aufstellung des Sozialplans entscheidet oder sich das Unternehmen in der Insolvenz befindet. Dieser Hinweis ist wichtig, weil immer wieder Arbeitgeber in Sozialplanverhandlungen mit BAG-Entscheidungen aufwarten, die Aussagen zur Höhe des Sozialplanvolumens treffen. All diese Entscheidungen beziehen sich auf von Einigungsstellen aufgestellte Sozialpläne, binden die Betriebsparteien also in keiner Weise, solange diese Situation noch nicht erreicht ist.

50   Auch die Behauptung unter Hinweis auf § 113 BetrVG, dass für Abfindungen Obergrenzen gem. § 10 KSchG festzulegen seien, weil ein sich gesetzestreu verhaltender Arbeitgeber nicht schlechter gestellt werden darf als ein Arbeitgeber, der nicht ernsthaft einen Interessenausgleich versucht, ist unzutreffend. Alle Versuche, im Rahmen der Novellierung des BetrVG Höchstsummen für Abfindungen festzulegen, waren erfolglos. Deshalb darf

man davon ausgehen, dass der Gesetzgeber Abfindungsobergrenzen nicht gewollt hat. Andernfalls gäbe es Sozialpläne wie den aus Anlass der Schließung des Bochumer Nokia-Werks nicht, der durchaus auch Abfindungsbeträge von zwei Monatsgehältern und mehr pro Beschäftigungsjahr vorsah.

51   *Vorruhestand*
Nur noch vorübergehend eine Rolle spielen die sogenannten „Vorruhestandsregelungen". Diese Möglichkeiten laufen aus, weil nur noch vor dem 01.01.1952 Geborene Anspruch darauf haben, nach Arbeitslosigkeit vorzeitig (mit Abschlägen) verrentet zu werden. Die Regelung im Sozialplan dazu sieht regelmäßig vor, dass die Abfindung auf einen bestimmten Höchstbetrag begrenzt und dieser laufend als Zuschuss zum Arbeitslosengeld oder als Einmalbetrag ausbezahlt wird. Begrenzt ist dies meist durch die Summe, die bei Anrechnung des Arbeitslosengelds bis zum frühestmöglichen Zeitpunkt der Verrentung hätte verdient werden können. Wird ein 62-Jähriger entlassen, wird er mit hoher Wahrscheinlichkeit keinen Arbeitsplatz mehr finden. Er kann aber – wenn auch mit Abschlägen – vorzeitig in Rente gehen, wenn er vorher mindestens ein Jahr arbeitslos war. Die Altersgrenze, ab der dies möglich ist, liegt bei 63 Jahren.

52   Für die Berechnung der Abfindung beim Vorruhestand wird der theoretische Gesamtverdienst (netto) bei Weiterbestand des Arbeitsverhältnisses bis zur Vollendung des Lebensjahres ausgerechnet, ab dem die Verrentung frühestens möglich ist. Davon wird abgezogen, was an Arbeitslosengeld bis dahin bezogen werden kann. Dies bildet die maximale Abfindungshöhe. Zusätzlich wird vereinbart, dass diese Beträge nicht auf einmal ausgezahlt werden, sondern ab einem bestimmten Alter der Arbeitgeber lediglich das Arbeitslosengeld auf einen bestimmten Betrag – meist zwischen 85 und 95% des letzten Nettoverdiensts – aufstockt. Der Arbeitgeber ist – wenn eine Nettosumme garantiert wird – verpflichtet, die Aufstockungsbeträge so zu bemessen, dass unabhängig vom individuellen Steuersatz tatsächlich der vereinbarte Anteil vom Nettoverdienst erreicht wird (LAG Düsseldorf vom 27.06.1996 – 12 SA 464/96).

53   Solche Regelungen werden von der Rechtsprechung als zulässig angesehen, auch wenn sie der Arbeitnehmerin/dem Arbeitnehmer die verfrühte Rentenantragstellung praktisch zur Pflicht machen. Dass dies eine Diskriminierung wegen des Alters ist, verneint das BAG (BAG vom 23.3.2010 – 1 AZR 832/08 und vom 26.03.2013 – 1 AZR 813/11). Bei einer solchen

vorzeitigen Verrentung verringert sich allerdings nicht nur die Abfindung, sondern auch die Höhe der Rente. Der Abzug beträgt pro Monat der vorzeitigen Inanspruchnahme 0,3 %, maximal 18 % der monatlichen Rente und bleibt für die gesamte Bezugsdauer bestehen. Angesichts der erheblichen finanziellen Verluste müssen Betriebsräte sehr genau überlegen, ob mit derartigen Regelungen mittelbar Druck auf Beschäftigte ausgeübt wird, die vorgezogene Rente in Anspruch zu nehmen, die sich das eigentlich nicht leisten können und daher in die Altersarmut getrieben werden.

54   Trotz der Abzüge wird der Vorruhestand noch für viele Beschäftigte eine interessante Perspektive sein, auch wenn er wegen der maximal 24 Monate Bezugsdauer vom Arbeitslosengeld I und der Anhebung der Altersgrenzen für viele unwirtschaftlich ist. Für Arbeitnehmer/-innen dagegen, die z.B. durch ererbtes Eigentum abgesichert sind, kann es durchaus attraktiv sein, dreieinhalb Jahre früher aus dem Arbeitsleben auszuscheiden und dafür auf 7,2 % der monatlichen Rentenzahlungen zu verzichten.

55   Der Vorruhestand ist daher durchaus noch eine Option, muss aber anders organisiert und ausgestattet werden. Wichtig ist, dass die Beschäftigten absolute Klarheit über die finanziellen Auswirkungen einer solchen Maßnahme erhalten. In den Sozialplan muss daher unbedingt eine Regelung aufgenommen werden, die exakt beschreibt, welche Aufklärungspflichten den Arbeitgeber treffen, bevor er wirksame Vorruhestandsvereinbarungen mit den Beschäftigten abschließen darf. Dies beinhaltet sowohl die Schriftlichkeit der Information als auch die Hinzuziehung unabhängiger Rentenberater/-innen (auf Kosten des Arbeitgebers) und die Möglichkeit für die Beschäftigten, innerhalb einer gewissen Zeit von dieser Vereinbarung wieder zurückzutreten. Hinsichtlich der schriftlichen Information ist besonders zu berücksichtigen, dass ausländische Beschäftigte diese in ihrer Muttersprache erhalten.

56   *Altersteilzeit*

Denkbar ist auch weiterhin, über das Angebot einer Altersteilzeit zu verhandeln. Da diese jedoch nicht mehr staatlich gefördert wird, müssen die Unternehmen dafür vollständig aufkommen. Auch der vorzeitige Rentenbezug nach Altersteilzeit ist mittelfristig nicht mehr möglich. Hier gilt wie für den Rentenbezug nach Arbeitslosigkeit: Diese Regelung läuft aus, in Anspruch nehmen können sie nur noch vor dem 01.01.1952 Geborene. Ob die Altersteilzeit eine sinnvolle Alternative ist, muss ein Vergleich zwischen der Zahlung von Abfindungen oder einer entsprechenden Bezuschussung der reduzierten Arbeitszeit – auch in einem Blockmodell – ergeben. Der Vorteil liegt in der Fortsetzung des sozialversicherungspflichtigen Arbeitsverhältnisses, mit dem Rentenkürzungen vermieden oder zumindest vermindert werden können. Wer sich für diesen Weg entscheidet, muss auch an die Insolvenzversicherung eines solchen Modells denken.

57   *Zuschüsse der Agentur für Arbeit*
Die Betriebsparteien können beim Abschluss von Sozialplänen Fördermittel durch die Agentur für Arbeit einplanen. Zum einen ist dies das Transferkurzarbeitergeld gem. § 111 SGB III, zum anderen Zuschüsse zu Transfermaßnahmen gem. § 110 SGB III (zu deren Durchsetzbarkeit vgl. Rz. 37 ff.). Für das Transferkurzarbeitergeld müssen die von Arbeitslosigkeit bedrohten Arbeitnehmer/-innen entweder in einer eigenständigen betrieblichen Einheit beim bisherigen Arbeitgeber oder einer zu diesem Zweck zu gründenden Gesellschaft zusammengefasst werden. Beschäftigungs- und Qualifizierungsgesellschaften, die solche Dienste professionell anbieten, gibt es in großer Zahl. Da ihre Qualität unterschiedlich sein kann, sollte der Betriebsrat auf der Einholung mehrerer Angebote und einer persönlichen Vorstellung der Bewerber bei ihm selber bestehen. In diesem Rahmen können dann bis zu 12 Monate lang die Beschäftigungsverhältnisse mit Unterstützung von Kurzarbeitergeld aufrechterhalten bleiben, wenn dies der Vermeidung von Massenentlassungen dient. Allerdings ist dies keine „Vollfinanzierung", da das Kurzarbeitergeld nur bezahlt wird, wenn die Arbeit nicht aus anderen Gründen ruht. Dies ist etwa der Fall während des Erholungsurlaubs oder an Feiertagen usw. Auch hier muss das Unternehmen also Gelder zuschießen (sogenannte „KUG-Spitzen"), die zumeist zu einer Verringerung der aus dem Sozialplan zu zahlenden Abfindungen führen. Dies ist allerdings nicht zwingend, weil durch diese Konstruktion zumeist die Kündigungsfristen abgekürzt werden, was wiederum für den Arbeitgeber zu erheblichen Einsparungen führt.

58   Einzelne Transfermaßnahmen wie etwa Qualifizierungen oder Outplacementberatungen werden von der Agentur für Arbeit gem. § 110 SGB III unterstützt, wenn sich die Betriebsparteien bei den Verhandlungen über Sozialplan und Interessenausgleich von der Bundesagentur haben beraten lassen und die Maßnahmen vom Arbeitgeber mitfinanziert werden. Die Arbeitsverwaltung gibt hier Zuschüsse von bis zu 2.500 Euro pro Person. Voraussetzung ist weiterhin, dass die Betroffenen von Arbeitslosigkeit bedroht sind.

59   Wie die Betriebsparteien den Ausgleich der wirtschaftlichen Nachteile ausgestalten, ist ihnen weitgehend selber überlassen. Untergrenzen gibt es praktisch nicht (BAG vom 20.07.2005 – 1 ABR 23/03). Einzig § 75 BetrVG und das AGG ziehen hier noch eine gewisse Grenze. Das BetrVG verlangt, dass alle Arbeitnehmer/-innen nach den Grundsätzen von Recht und Billigkeit behandelt werden. Das schließt etwa aus, die Leistung aus dem Sozialplan davon abhängig zu machen, dass die Beschäftigten die Kündigung ohne Klage hinnehmen (BAG vom 31.05.2005 – 1 AZR 254/04). Das ist auch dann unzulässig, wenn das Verhältnis anders dargestellt wird: Nicht die Abfindung wird gestrichen oder verkürzt, wenn eine Kündigungsschutzklage erhoben wird, sondern eine zusätzliche Summe zugesagt, wenn die Betroffenen hierauf verzichten (BAG vom 03.05.2006 – 4 AZR 189/05). Das AGG verbietet bestimmte Differenzierungen bei der Festlegung der Abfindungen. Gleichwohl hält die Rechtsprechung es für zulässig, für rentennahe Arbeitnehmer/-innen Abschläge vorzusehen, weil die zu erwartenden Nachteile hier geringer sind (BAG vom 23.03.2010 – 1 AZR 832/08).

60   Auch darf der Sozialplan nicht die Arbeitnehmer/-innen ausschließen, die durch die Betriebsänderung veranlasst selber kündigen (BAG vom 20.07.2005 – 1 AZR 80/90). Hier existiert kein sachlicher Grund für eine Ungleichbehandlung, weil auch dieser Personenkreis Besitzstände aufgibt.

61   Damit ist allerdings nicht gesagt, dass jede Eigenkündigung, die in bloßem zeitlichen Zusammenhang mit der Betriebsänderung steht, in den Sozialplan einbezogen werden muss. Das BAG hat lediglich Regelungen für unzulässig erklärt, die bei Eigenkündigungen aus Anlass der Betriebsänderung Abfindungen vollständig ausschließen. Ob ein solcher Zusammenhang wirklich besteht, ist für den konkreten Fall zu beantworten. Ein besonderes Interesse des Arbeitgebers an der Fortführung des Betriebs bis zur endgültigen Schließung etwa rechtfertigt es nach einer Entscheidung des BAG durchaus, vorher ausgesprochene Eigenkündigungen aus dem Sozialplan auszunehmen (BAG vom 30.11.1994 – 10 AZR 578/93). Maßstab für die Rechtsprechung ist, dass die Eigenkündigung im Hinblick auf die geplante Maßnahme erfolgte, etwa weil der Arbeitsplatz wegfällt oder der Betrieb stillgelegt wird. Beruht eine Eigenkündigung dagegen lediglich auf vernünftigen Erwägungen, etwa weil der Arbeitgeber auf einer Betriebsversammlung verkündet, er könne weitere Lohnzahlungen nicht garantieren, ist es zulässig, hierfür keine Abfindungen vorzusehen (BAG vom 04.07.1989 – 1 ABR 35/88). Es kommt also darauf an, ob der Arbeitgeber mehr oder weniger deutlich zur Kündigung auffordert.

62   Um zu verhindern, dass die Betroffenen hier später in Beweisnöte oder unkalkulierbare Mühlen der Rechtsprechung geraten – mal hält sie die Erklärung des Arbeitgebers auf der Betriebsversammlung, die wirtschaftliche Lage sei so schlecht, dass eine Insolvenz drohe, für eine solche Bestimmung zur Kündigung (BAG vom 19.06.1996 – 10 AZR 23/96, AiB 1997, 671), mal auch wieder nicht (BAG vom 20.04.1994 – 10 AZR 323/93, AiB 1994, 639) – muss im Sozialplan selber festgelegt werden, wann eine Eigenkündigung den Abfindungsanspruch unberührt lässt. Das könnte so aussehen:

Beispiel
63   ▶ Der Arbeitgeber wird innerhalb von zwei Monaten nach Abschluss dieses Sozialplans den Mitarbeiter/-innen in den betroffenen Abteilungen mitteilen, ob ihr Arbeitsplatz erhalten bleibt. Kommt der Arbeitgeber dieser Pflicht nicht innerhalb der gesetzten Frist nach, kann jede/-r in diesen Abteilungen davon ausgehen, dass der eigene Arbeitsplatz von der Betriebsänderung betroffen ist. Eine Eigenkündigung ist dann als durch die Betriebsänderung bedingt anzusehen.

64   Alternativ kann auch vereinbart werden, dass eine Eigenkündigung dann als durch die Betriebsänderung veranlasst anzusehen ist, wenn der Arbeitgeber ihr nicht innerhalb einer festzulegenden Frist widerspricht (BAG vom 06.08.2002 – 1 AZR 247/01). Das führt allerdings zunächst aufseiten der Beschäftigten zu Unsicherheit über die Folgen des eigenen Handelns.

1.3 Nachteilsausgleich

65   Der sogenannte Nachteilsausgleich ist bereits im Rahmen der Beschreibung des Interessenausgleichs aufgetaucht. Es handelt sich um eine Art Schadenersatzanspruch der Beschäftigten dafür, dass der Arbeitgeber den Interessenausgleich entweder nicht versucht hat oder ohne zwingenden Grund von ihm abgewichen ist. Das BAG betont diesen Sanktionsgedanken immer wieder (BAG vom 20.11.2001 – 1 AZR 97/01 und BAG vom 24.08.2006 – 8 AZR 317/05). Seine gesetzliche Grundlage findet sich in § 113 BetrVG.

66   Obwohl im Tendenzbetrieb gem. § 118 BetrVG kein Interessenausgleich versucht oder gar abgeschlossen werden muss, spielt auch hier der Nachteilsausgleich eine Rolle. Unterrichtet der Arbeitgeber den Betriebs-

rat hier nicht über seine Pläne oder setzt er die Betriebsänderung um, bevor ein Sozialplan geschlossen wurde, erkennt das BAG auch für dieses Fehlverhalten den Nachteilsausgleich als Sanktion an (BAG vom 18.11.2003 – 1 AZR 637/02).

67   Für den Betriebsrat ist zunächst einmal wichtig zu wissen, dass er eigentlich mit diesem Anspruch nichts zu tun hat. Der Nachteilsausgleich ist nicht Gegenstand der Verhandlungen mit dem Arbeitgeber, sondern lediglich eine mögliche Folge von dessen Fehlverhalten. Allerdings darf der Betriebsrat die Möglichkeit der Arbeitnehmer/-innen, später einen Nachteilsausgleich zu fordern, nicht außer Acht lassen. Einerseits kann er diesen Anspruch durch unvorsichtiges Verhalten vereiteln, andererseits aber auch damit in den Verhandlungen taktieren und so den Arbeitgeber zu Zugeständnissen bei Interessenausgleich und Sozialplan bewegen.

68   Ein Anspruch auf Nachteilsausgleich besteht nach § 113 BetrVG dann, wenn der Arbeitgeber

▶ eine Betriebsänderung durchführt, ohne vorher einen Interessenausgleich mit dem Betriebsrat versucht zu haben oder

▶ ohne zwingenden Grund von einem Interessenausgleich abweicht oder

▶ im Tendenzbetrieb die Betriebsänderung durchführt, ohne Verhandlungen über einen Sozialplan zu führen.

Der Anspruch auf Nachteilsausgleich erfasst aber nur solche Arbeitnehmer, deren Arbeitsverhältnis von der Betriebsänderung unmittelbar nachteilig betroffen ist. Dies ergibt sich nach der Rechtsprechung des Bundesarbeitsgerichts aus der Auslegung des § 113 Abs. 2 i.V.m. Abs. 1 BetrVG (BAG vom 22.01.2013 – 1 AZR 873/11).

69   Aus der Existenz des Nachteilsausgleichs ergeben sich Chancen für die Verhandlungsführung des Betriebsrats. Der Arbeitgeber wird in seinem Handeln immer auch von diesen evtl. drohenden Ansprüchen der Beschäftigten beeinflusst werden, weil sie einen Unsicherheitsfaktor bilden. Niemand weiß, ob und in welcher Höhe später hieraus Zahlungsverpflichtungen für das Unternehmen erwachsen. Sein Interesse wird daher darauf gerichtet sein, Planungssicherheit zu bekommen, indem der Nachteilsausgleich von vornherein ausgeschlossen wird. Dies ist auf zweierlei Weise zu erreichen:

▶ Der Arbeitgeber erhält vom Betriebsrat die Unterschrift unter ein Schriftstück, das mit „Interessenausgleich" überschrieben ist oder

▶ die Verhandlungen sind offiziell gescheitert.

70 Ob das Schriftstück tatsächlich substanzielle Aussagen und Festlegungen trifft oder gar Interessen zum Ausgleich bringt, ist dabei völlig nebensächlich: Kein Gericht wird dies im Nachhinein überprüfen. Jeder Text mit der Überschrift „Interessenausgleich" und der Unterschrift der Betriebsparteien beseitigt den Anspruch auf einen Nachteilsausgleich, egal, was in den Textzeilen dazwischen geschrieben ist. Betriebsräte sollten also vor einer Unterzeichnung eines solchen Papiers sehr genau überlegen, ob dort tatsächlich die Interessen der Belegschaft ihren Niederschlag gefunden haben. Andernfalls muss die Erteilung dieses „Persilscheins" zumindest als Gewicht bei der Ausstattung des Sozialplans in der Waagschale liegen.

71 Selbst wenn der Betriebsrat sieht, dass er dem Arbeitgeber keinerlei Zugeständnisse beim Interessenausgleich abringen kann, sollte er dennoch dieses Instrument nutzen, indem er zumindest die Verhandlungen hierüber verzögert. Der ohne Interessenausgleich drohende Nachteilsausgleich erweitert so zumindest den Verhandlungsspielraum beim Sozialplan. Bezieht der Betriebsrat diese für den Arbeitgeber ungünstige Situation nicht in seine Überlegungen ein und unterschreibt übereilt einen Interessenausgleich, verzichtet er auf ein taktisches Werkzeug in den Verhandlungen.

72 Den gleichen Wert wie ein unterschriebener Interessenausgleich hat für den Arbeitgeber das Scheitern der Verhandlungen. Schließlich verlangt § 113 BetrVG nur den Versuch, nicht das Zustandekommen einer Vereinbarung. Allerdings hat die Rechtsprechung hohe Anforderungen an die Ernsthaftigkeit der Bemühungen des Arbeitgebers gestellt. Er darf es nicht dabei bewenden lassen, dem Betriebsrat seine Vorstellungen von der geplanten Betriebsänderung vorzulegen und, wenn dieser die Pläne nicht mittragen will, die Verhandlungen für gescheitert zu erklären.

73 Dieses Scheitern muss in der Einigungsstelle festgestellt werden (BAG vom 18.12.1984 – 1 AZR 176/82). Selbst wenn der Betriebsrat ausdrücklich bekundet, sich nicht an Verhandlungen über einen Interessenausgleich beteiligen zu wollen, entlastet dies den Arbeitgeber nicht: Dieses Recht steht nicht zu seiner Disposition, der Betriebsrat kann also gar nicht wirksam auf diese Mitwirkungsmöglichkeit verzichten. Auch in diesem Fall muss der Arbeitgeber also die Einigungsstelle anrufen (LAG Berlin vom 08.09.1987 – 8 Sa 45 und 48/97). Angesichts der Dauer dieses Verfahrens kann der Betriebsrat wiederum seine Position verbessern, wenn er nicht vorschnell in die Bestellung einer Einigungsstelle einwilligt, die erkennbar nur die Funktion haben soll, die Bemühungen um einen Interessenausgleich offiziell ohne greifbares Ergebnis zu beenden.

74 Ansprüche auf Nachteilsausgleich können auch entstehen, wenn der Arbeitgeber später von einem geschlossenen Interessenausgleich ab-weicht und Beschäftigte dadurch Nachteile erleiden. Allerdings gibt es hier eine weitere Voraussetzung: Für das Abweichen darf kein zwingender Grund vorhanden sein. Ein solcher Grund wird regelmäßig existieren, wenn der Interessenausgleich nur die Umformulierung eines besonders gelungenen „Muster-Interessenausgleichs" ist, der sich durch beachtenswerte Regelungen wie etwa der Beteiligung des Betriebsrats an der Produktentwicklung oder ähnlich einschneidende Maßnahmen auszeichnet, aber tatsächlich für den konkreten Betrieb keine praktikablen Lösungen enthält. Hier werden sich sehr schnell zwingende Gründe finden, die ein Abweichen vom Interessenausgleich erforderlich machen. Diese Gefahr lässt sich nur begrenzen, wenn die Vereinbarung unmittelbar auf den Betrieb zugeschnitten wird, für den sie gelten soll.

75 Schließlich kann der Arbeitgeber eine böse Überraschung erleben, wenn er zwar einen Interessenausgleich vereinbart, die Verhandlungen aber mit den falschen Gremien geführt hat (Näheres hierzu bei Rz. 250 ff.). Das BAG spricht auch dann einen Nachteilsausgleich zu, wenn die Kompetenzverteilung zwischen Betriebsrat und Gesamtbetriebsrat missachtet wurde (BAG vom 24.01.1996 – 1 AZR 542/95, AiB 1996, 670). Dieselbe Folge hat es, wenn der Interessenausgleich die Schriftform nicht wahrt, also nicht von Arbeitgeber und der/dem Betriebsratsvorsitzenden unterschrieben ist (BAG vom 26.10.2004 – 1 AZR 493/03).

76 Da die Beschäftigten meist weder um die rechtlichen Möglichkeiten des Nachteilsausgleichs wissen, noch erkennen können, wann der Arbeitgeber von einem Interessenausgleich abgewichen ist oder ob ein solcher überhaupt ernsthaft versucht wurde, muss der Betriebsrat die Betroffenen in geeigneter Form über ihre Rechte aufklären. Dies muss zügig passieren, weil die Ansprüche von tariflichen Ausschlussfristen erfasst werden.

77 Der Verfall aufgrund solcher Fristen wird auch nicht durch die Erhebung einer Kündigungsschutzklage verhindert. Eine Klage muss daher von Anfang an diese Ansprüche ausdrücklich mit umfassen (BAG vom 22.02.1983 – 1 AZR 260/81).

1.4 Beschäftigungssicherung statt Sozialplan

78 Die gesetzlichen Instrumente des Betriebsrats bei Betriebsänderungen – also Interessenausgleich und Sozialplan – versagen, wenn Arbeitsplatzverluste

vollständig oder doch zumindest teilweise vermieden werden sollen. Sie sind allenfalls in der Lage, die nachteiligen Folgen abzumildern. Auf der Suche nach einer Alternative für diese kaum zufriedenstellende Situation wird in verschiedenen Tarifverträgen inzwischen den Betriebsparteien die Möglichkeit eingeräumt, zur Beschäftigungssicherung mittels Betriebsvereinbarung die Arbeitszeit – und damit auch das Einkommen – langfristig abzusenken und das verringerte Arbeitsvolumen neu zu verteilen. So bestimmt etwa der Manteltarifvertrag für das Versicherungsgewerbe in § 11 Ziff. 1 Abs. 5:

79   *„Zur Vermeidung von Entlassungen und zur Sicherung der Beschäftigung kann durch freiwillige Betriebsvereinbarung die regelmäßige wöchentliche Arbeitszeit im Sinne von Abs. 1 Satz 1 und Abs. 4 Satz 1 für alle Angestellten oder für Gruppen von Angestellten um bis zu 8 Stunden in der Woche verkürzt werden; die Bezüge werden entsprechend gekürzt, wobei günstigere Regelungen zulässig sind. Zuvor sollen in dem betreffenden Bereich die Möglichkeiten zum Abbau von Mehrarbeit und zur Förderung von Teilzeitarbeitsverhältnissen genutzt werden. Während der Laufzeit der Betriebsvereinbarung dürfen gegenüber den von ihr erfassten Angestellten keine betriebsbedingten Kündigungen ausgesprochen werden. Auszubildende werden von dieser Regelung nicht erfasst."*

80   Ähnlich geht der Tarifvertrag für das private Bankgewerbe vor. Betriebsräte, die diese Möglichkeit für ihren eigenen Betrieb in Betracht ziehen, müssen zunächst überprüfen, ob der entsprechende Tarifvertrag hierfür eine Regelung vorsieht. Diese kann z.B. etwas über den Umfang der Reduzierung und die Folgen für die Vergütung aussagen.

81   Gibt es keine derartige Regelung, kann der Betriebsrat trotzdem die Absenkung der Arbeitszeit in Form von Kurzarbeit zur Vermeidung von Entlassungen anstreben. Hierfür steht ihm das erzwingbare Mitbestimmungsrecht in § 87 Abs. 1 Nr. 3 BetrVG zur Verfügung. Er darf aber nicht übersehen, dass sich das nur auf den Umfang der Arbeitszeit, nicht aber auf die eigentlich angestrebte Maßnahme, nämlich die Umverteilung der Arbeit, bezieht. Daher ist die Durchsetzung der Arbeitszeitreduzierung gegen den Willen des Arbeitgebers eher ein theoretisches Konstrukt. Eine Krise mit konjunktureller Kurzarbeit zu überbrücken, ist wirtschaftlich für die Beschäftigten günstiger, weil dann die Arbeitsverwaltung einen erheblichen Teil der ausgefallenen Vergütung (60 % bzw. 67 % des Nettoeinkommens) übernimmt. Voraussetzung ist aber, dass eine Chance besteht, wieder zum alten Leistungsumfang des Betriebs zurückzukehren. Angesichts der Bezugsdauer

von 24 Monaten ist dies allerdings ohnehin kaum noch absehbar. Kurzarbeit scheidet also nur dann als Mittel aus, wenn der Arbeitgeber eindeutig erklärt, den Leistungsumfang selber endgültig herabsetzen zu wollen.

82   Relevante Fälle der Absenkung der Arbeitszeit ohne gleichzeitige Zahlung von Kurzarbeitergeld gibt es bislang praktisch kaum, wenn man einmal von der Arbeitszeitreduzierung bei VW Anfang der 1990er-Jahre absieht. Inzwischen will der Arbeitgeber VW jedoch von solchen Lösungen nichts mehr wissen, obwohl so tatsächlich in großem Umfang Entlassungen vermieden werden konnten. Auf diesem Feld ist also noch viel Pionierarbeit zu leisten. Häufig fehlt es dafür aber auch an der Unterstützung durch die Beschäftigten. Betriebsräte, die in einer Krisensituation den Erhalt der Arbeitsplätze anstreben, sollten diese Möglichkeit zur Reduzierung der Arbeitszeit dennoch zumindest in Betracht ziehen.

1.5 Informationsrechte

83   Voraussetzung für den Betriebsrat, um selber bei einer Betriebsänderung agieren und nicht lediglich reagieren zu können, ist ein ausreichender Informationsstand. Nur wenn er wirklich in die Verhältnisse eingeweiht ist, kann er sich mit eigenen Vorschlägen in die Debatte einmischen und mehr als nur Kritik an den geplanten Maßnahmen äußern.

84   Leider ist dies nach wie vor ein wunder Punkt der Zusammenarbeit zwischen Arbeitgeber und Betriebsrat. Sei es aus Geringschätzung der betrieblichen Interessenvertretung, aus Eitelkeit, aus Ignoranz oder auch aus schlichter Nachlässigkeit: Meist bekommen Betriebsräte nicht oder nur sehr zögerlich Informationen, die sie für ihre Tätigkeit benötigen. Der Betriebsrat muss dabei wissen, dass er nicht nur auf die Informationen beschränkt ist, die ihm der Arbeitgeber freiwillig zur Verfügung stellt. Er entscheidet selber darüber, auf welchem Wege er sich das benötigte Wissen beschafft (BAG vom 17.01.1989 – 1 AZR 805/87). Der Arbeitgeber kann ihn auch nicht auf einen begrenzten Kreis von Ansprechpartnern festlegen.

85   Zwei Behauptungen werden Betriebsräten immer wieder entgegengehalten, wenn sie vom Arbeitgeber Informationen einfordern:

▶ Die Maßnahme sei nicht mitbestimmungspflichtig, deshalb bestehe auch keine Unterrichtungspflicht.

▶ Die Einzelheiten stünden noch nicht fest, eine Information wäre daher verfrüht.

86 Selbst wenn dies stimmt, sind dadurch dennoch die Rechte des Betriebsrats nicht beeinträchtigt. Die Unterrichtung soll ihn erst in die Lage versetzen, feststellen zu können, ob er tätig werden muss, weil ein Mitbestimmungs- recht betroffen sein könnte. Diese Entscheidung trifft er in eigener Verant- wortung und nicht der Arbeitgeber für ihn (BAG vom 26.01.1988 – 1 ABR 34/86). Lediglich dann, wenn völlig ausgeschlossen ist, dass ein Mitwir- kungstatbestand durch die Maßnahme betroffen sein könnte, entfällt der Informationsanspruch.

87 Auch wenn die Planungen des Arbeitgebers noch nicht abge- schlossen sind, muss er den Betriebsrat hierüber unterrichten: Rechtzeitige Information heißt nämlich, dass der Arbeitgeber sich noch nicht abschließend auf ein Vorgehen festgelegt haben darf, sondern offen für die Vorstellungen des Betriebsrats ist (vgl. Fitting, § 111 Rz. 109 f.).

88 Gerade beim Interessenausgleich ist dies offensichtlich. Hier sol- len sich Arbeitgeber und Betriebsrat darüber verständigen, ob und ggf. wie die Maßnahme durchgeführt wird. Ein Arbeitgeber, der erst seine eigene Planung vollständig abschließt und dann in das Mitbestimmungsverfahren durch Unterrichtung des Betriebsrats einsteigt, lässt ihm damit keine Möglichkeit, im Rahmen des Interessenausgleichs noch eigene Vorstellun- gen einzubringen. Das Motto „Friss Vogel, oder stirb" gilt hier nicht. Der Arbeitgeber muss zumindest den Eindruck erwecken, dass er dazu bereit ist, sein Vorhaben noch einmal infrage zu stellen.

89 Die Informationsrechte werden ausführlich im Kapitel „Durch- setzung des Informationsanspruchs" (Rz. 212 ff.) beschrieben.

1.6 Einigungsstelle

90 Steht eine Betriebsänderung an, kann die Einigungsstelle in zweierlei Hinsicht zum Einsatz kommen: als reine Vermittlungsinstanz ohne Ent- scheidungskompetenz beim Versuch, einen Interessenausgleich herbeizu- führen und – in den meisten Fällen – mit Entscheidungskompetenz bei den Verhandlungen zum Abschluss eines Sozialplans. Die Unterschiede ergeben sich aus § 112 Abs. 2 bis 4 und § 112a BetrVG.

91 Gemäß § 112 Abs. 2 BetrVG können sowohl Arbeitgeber als auch Betriebsrat die Einigungsstelle einschalten, wenn ein Interessenausgleich oder eine Einigung über einen Sozialplan nicht in freien Verhandlungen zu erzielen ist. Nur für den Sozialplan bestimmt § 112 Abs. 4 BetrVG, dass deren Spruch, also die Mehrheitsentscheidung durch Abstimmung, die Einigung

zwischen Arbeitgeber und Betriebsrat ersetzt. Da eine entsprechende Vorschrift für den Interessenausgleich fehlt, gibt es in diesem Bereich also keine Entscheidungsbefugnis. Die Einigungsstelle hat dann nur die Aufgabe, einen letzten Vermittlungsversuch zu machen.

92   Beim Interessenausgleich hat die Einigungsstelle für den Arbeitgeber also vor allem die Funktion, das Scheitern der Verhandlungen festzustellen und damit Ansprüche auf Nachteilsausgleich auszuschließen. Weil der Arbeitgeber damit die finanziellen Folgen seiner Maßnahme besser abschätzen kann, verliert der Betriebsrat dadurch ein Druckmittel in den Verhandlungen. Er sollte daher kritisch hinterfragen, ob ihm die Fortsetzung der Verhandlungen um den Interessenausgleich in der Einigungsstelle überhaupt etwas bringen kann (vgl. hierzu ausführlicher Rz. 65 ff.).

93   Wenn der Betriebsrat bei diesem Stand der Verhandlungen den Sozialplan in der Einigungsstelle durchsetzen will, darf er in seiner Beschlussfassung keinen Zweifel darüber aufkommen lassen, dass deren Befugnisse sich nur hierauf, nicht aber auch auf einen Interessenausgleich erstrecken sollen. Dies lässt sich in den meisten Fällen gut vertreten, weil Arbeitgeber, die nicht ernsthaft über einen Interessenausgleich außerhalb der Einigungsstelle verhandeln und nur einen schnellen Abschluss des Verfahrens vor der Einigungsstelle haben wollen, sich bereits auf eine bestimmte Art und Weise der Durchführung der Betriebsänderung festgelegt haben.

Beispiel

94   ▶ *Beschlussmuster:*
Der Betriebsrat stellt fest, dass die Verhandlungen mit dem Arbeitgeber über Interessenausgleich und Sozialplan zu keinem Ergebnis geführt haben und beschließt daher, für den Abschluss eines Sozialplans die Einigungsstelle anzurufen. Die Einigungsstelle soll sich nur mit der Verhandlung und Entscheidung über den Sozialplan befassen, da der Arbeitgeber keine ernsthafte Bereitschaft erkennen lässt, einen Interessenausgleich herbeizuführen. (Zudem erhält der Arbeitgeber einen Besetzungsvorschlag für die Einigungsstelle, es wird ihm eine Frist gesetzt und es wird ein vorsorglicher Beschluss gefasst, die Bestellung der Einigungsstelle durch das Arbeitsgericht vornehmen zu lassen.)

95   Will der Betriebsrat das Thema „Interessenausgleich" noch nicht vollständig zu den Akten legen, gleichwohl aber die Einigungsstelle schon für den

Sozialplan tätig werden lassen, so kann er auch für die Unterstützung beim Interessenausgleich zunächst die Vermittlung durch den Vorstand der Bundesagentur für Arbeit (gem. § 112 Abs. 2 BetrVG) in Anspruch nehmen. Dies bewirkt zumindest eine zeitliche Verzögerung, die ihm Vorteile in den Verhandlungen bringen kann, wenn der Arbeitgeber unter dem Druck steht, seine Änderungen möglichst zügig abwickeln zu müssen. Ein solcher Druck kann daraus resultieren, dass Außenstehende – etwa Banken – ungeduldig werden, Kündigungsfristen zu verstreichen drohen, oder aber auch als Folge der Unruhe in der Belegschaft aufgrund der unklaren Lage. Die Einschaltung der Bundesagentur kann insbesondere dann sinnvoll sein, wenn die oben (Rz. 57 ff.) beschriebenen Fördermittel oder Transferkurzarbeitergeld in Anspruch genommen werden sollen.

96   *Erzwingbarkeit des Sozialplans*
Im Gegensatz zum Interessenausgleich kann der Sozialplan in der Einigungsstelle auch durch Mehrheitsbeschluss aufgestellt werden. Er ist also erzwingbar, allerdings enthält § 112a BetrVG einige Ausnahmen hiervon. Diese betreffen zunächst Betriebsänderungen, die ausschließlich in einem Personalabbau bestehen. Hierfür setzt § 112a Abs. 1 BetrVG Mindestzahlen von zu Entlassenden oder auf andere Weise (Eigenkündigungen oder Aufhebungsverträge) aufgrund der Betriebsänderung ausscheidenden Beschäftigten. Dabei ist wichtig, dass auch Personalreduzierungen unterhalb dieser Schwelle Betriebsänderungen sein können. Lediglich die Kompetenz der Einigungsstelle ist beschnitten. Dass sie gleichzeitig Betriebsänderungen sind, hat Folgen für die Pflichten des Arbeitgebers und die Verhandlungsführung des Betriebsrats: Auch hierfür muss der Interessenausgleich geschlossen oder zumindest versucht werden. Passiert das nicht, droht dem Arbeitgeber der Nachteilsausgleich gem. § 113 BetrVG als finanzielle Sanktion. Die mangelnde Kompetenz der Einigungsstelle bei der Aufstellung des Sozialplans nützt ihm dann nichts. Die Abfindungen werden durch das Gericht festgesetzt.

97   Die Einigungsstelle hat bei einem Personalabbau dann die Entscheidungskompetenz, wenn mindestens folgende Größenordnungen erreicht werden:

Anzahl Beschäftigte	Anteil	Anzahl der Ausscheidenden
1–59	20 % der Belegschaft,	aber mindestens 6 Personen
60–249	20 % der Belegschaft,	oder mindestens 37 Personen
250–499	15 % der Belegschaft,	oder mindestens 60 Personen
ab 500	10 % der Belegschaft,	aber mindestens 60 Personen

98   Maßgeblich sind hier die Größe des Betriebs und die Zahl der dort Betroffenen. Das muss deshalb besonders hervorgehoben werden, weil der Schwellenwert von 20 Beschäftigten in § 111 BetrVG auf das Unternehmen bezogen ist.

99   Selbst wenn der Betriebsrat nach diesen Zahlen zu dem Ergebnis kommt, dass keine Sozialplanpflicht besteht, weil der Personalabbau nicht die geforderte Dimension erreicht, sollte er sich davon nicht beirren lassen: Was zunächst wie ein reiner Personalabbau aussieht, kann sich sehr schnell auch als Veränderung im organisatorischen Bereich herausstellen. Damit verliert dann aber § 112a Abs. 1 BetrVG sofort an Bedeutung: Sein Zahlenwerk beschneidet die Kompetenz der Einigungsstelle nur bei Betriebsänderungen, die tatsächlich ausschließlich in einem Personalabbau bestehen. Für alle anderen Fälle der Betriebsänderung, auch wenn sie mit Reduzierungen der Belegschaft verbunden sind, hat er keine Auswirkungen (BAG vom 28.03.2006 – 1 ABR 5/05).

100   Ebenfalls eingeschränkt in ihren Möglichkeiten ist die Einigungsstelle bei neu gegründeten Unternehmen gem. § 112a Abs. 2 BetrVG. Dabei kommt es nicht auf das Datum der Gründung des Betriebs, sondern auf das des Unternehmens an. Ist das Unternehmen zum Zeitpunkt der Betriebsänderung noch keine vier Jahre alt, kann die Einigungsstelle auch beim Sozialplan nicht entscheiden, sondern nur vermitteln. Betrieb und Unternehmen sind dabei streng zu unterscheiden.

Beispiel

101 ▶ Ein Verlagshaus stellt neben der lokalen Tageszeitung auch Werbebeilagen für gewerbliche Kunden her, die anderen Printmedien beigelegt werden. Gedruckt wird im eigenen Haus. Alle Geschäftsfelder sind in einem einzigen Unternehmen in der Rechtsform einer GmbH mit einem Betrieb vereint.

     Ein Unternehmensberater erklärt dem Inhaber die steuerlichen und arbeitsrechtlichen Vorteile, wenn er das Unternehmen in vier neue Gesellschaften aufspaltet. In einer Gesellschaft werden die gesamten technischen Anlagen und Immobilien zusammengefasst, die diese dann an die anderen drei Gesellschaften, eine Zeitungsverlagsgesellschaft, eine Werbeagentur und eine Druckerei, verpachtet. An den räumlichen Verhältnissen ändert sich überhaupt nichts, die Beschäftigten sind nur in neue Organisationen eingebunden und haben jeweils unterschiedliche Personalleitungen.

102   In diesem Beispiel sind alle vier Gesellschaften Neugründungen, obwohl der Betrieb und die Arbeitsabläufe sich nicht verändert haben und auf eine jahrzehntelange Tradition zurückblicken können. Die Unternehmen, also die „juristischen Personen" (zumeist Gesellschaften mit beschränkter Haftung) sind erst mit der Eintragung ins Handelsregister entstanden. Diese würden damit nach der Bestimmung des § 112a Abs. 2 BetrVG von der Pflicht, einen Sozialplan aufzustellen, befreit sein, wenn sie innerhalb der ersten vier Jahre nach der Gründung selber eine Betriebsänderung durchführen. Zum Glück gibt es aber für solche Fälle eine Ausnahme von der Ausnahme: Unternehmen, die nur im Rahmen der Umstrukturierung eines schon bestehenden Unternehmens entstanden sind, genießen dieses Privileg nicht (§ 112a Abs. 2 Satz 2 BetrVG). Die Aufspaltung eines bestehenden Unternehmens, z.B. einer GmbH in mehrere neue Gesellschaften, ist der typische Fall einer solchen Umstrukturierung.

103   Damit reduziert sich auch der Anwendungsbereich von § 112a Abs. 2 BetrVG auf die wenigen Unternehmen, die wirkliche Neugründungen sind, aber schon innerhalb der ersten vier Jahre einen Betriebsrat und mehr als 20 Beschäftigte haben. Bislang sind nur wenige Fälle bekannt geworden, bei denen die Realisierung von Sozialplanabfindungen wegen dieser Vorschrift infrage gestanden hätte (vgl. z.B. BAG vom 13.06.1989 – 1 ABR 14/88; BAG vom 22.02.1995 – 10 ABR 21/94).

104   *Bestellung der Einigungsstelle*
Ein Problem für den Betriebsrat ist meistens, einen Vorschlag für die Besetzung der Position der oder des Vorsitzenden der Einigungsstelle zu machen. Bei der Auswahl dieser Person sollte mit Bedacht vorgegangen werden, weil dem oder der Vorsitzenden die entscheidende Rolle zukommt, wenn in der Einigungsstelle über einen Sozialplan abgestimmt wird.

105   Das Verfahren in der Einigungsstelle ist in Grundzügen in § 76 BetrVG beschrieben. Bei Abstimmungen sind danach zunächst die Beisitzergruppen gefragt. Kommt hier keine Mehrheit für einen Vorschlag

zustande, wird – nach einer Zwischenberatung – eine zweite Abstimmung unter Beteiligung des/der neutralen Vorsitzenden vorgenommen. Dass diese Stimme dann die entscheidende ist, bedarf keiner weiteren Erläuterung.

106 Für die Auswahl des oder der Vorsitzenden kursieren z.T. umfangreiche Listen von Personen, die als der einen oder anderen Seite besonders zugeneigt gehandelt werden. Damit wird viel Unsinn getrieben, bei den Empfehlungen wie den Warnungen. Zumeist werden Einigungsstellenvorsitzende, die in der einen oder anderen Weise „auffällig" geworden sind, kaum von der anderen Seite akzeptiert werden.

107 Gute Vorsitzende einer Einigungsstelle zeichnen sich vor allem dadurch aus, dass sie in der Lage sind, die Probleme der Beschäftigten zu verstehen und die Konflikte zwischen den Betriebsparteien zu moderieren. Dies lässt sich am besten durch Befragen von anderen Betriebsratsgremien, von Rechtsanwälten/Rechtsanwältinnen oder Gewerkschaftssekretären/ Gewerkschaftssekretärinnen ermitteln, die schon Erfahrungen mit den in Aussicht genommenen Vorsitzenden gesammelt haben. Es gibt im Übrigen keine gesetzliche Vorschrift, die ausschließlich Arbeitsrichter zu geeigneten Vorsitzenden der Einigungsstelle erklärt. Der Betriebsrat ist also nicht auf diesen Personenkreis beschränkt.

108 Einigen sich Betriebsrat und Arbeitgeber nicht auf eine Person, erfolgt die Einsetzung auf Antrag einer Seite durch das Arbeitsgericht. Einige Landesarbeitsgerichte haben entschieden, dass die von einer Seite vorgeschlagene Person eingesetzt werden muss, wenn keine vernünftigen und nachvollziehbaren Einwände gegen die Unparteilichkeit und Qualifikation bestehen (vgl. LAG Bremen vom 01.07.1988 – 4 TaBV 54/88; LAG Frankfurt vom 05.07.1985 – 14/5 TaBV 54/85). Andere berufen bei einem solchen Streit grundsätzlich eine andere, von keiner Seite vorgeschlagene Person. Sobald die/der Vorsitzende bestellt ist, liegt das weitere Verfahren in ihrer/seiner Hand, insbesondere hinsichtlich der Sitzungstermine, der Ladungen hierzu und des sonstigen Schriftverkehrs einschließlich der Formulierung von Kompromissvorschlägen.

109 Die Erfahrung zeigt, dass die wenigsten Einigungsstellenvorsitzenden – gleich von welcher Seite sie vorgeschlagen werden – ihr Amt einseitig zugunsten einer Partei ausüben. Dies ist leicht erklärbar. Der oder die Vorsitzende in der Einigungsstelle kann ohne Weiteres bei entsprechend dimensionierten Sozialplänen auf ein Tageshonorar von 3.000 bis 10.000 Euro kommen. Die Aussicht auf weitere Verdienstmöglichkeiten dieser Art werden sich die wenigsten durch den Ruf, parteiisch zu sein, trüben lassen wollen.

110   *Vorbereitung und Verfahren der Einigungsstelle*
Wichtiger als die vage Hoffnung auf einseitige Bevorzugung durch die/den Vorsitzenden ist für den Betriebsrat, sich zu überlegen, wie er sie/ihn aktiv in seinem Sinne beeinflussen kann. Damit sind keine unlauteren Mittel wie etwa Bestechung o.Ä. gemeint. Zunächst einmal muss der Betriebsrat seine Position und seine Argumente hinreichend klar formulieren. Einigungsstellenvorsitzende sind keine Betriebsangehörigen, kennen sich also nicht mit den dortigen Vorgängen aus. Weiterhin muss der Betriebsrat aus seiner Sicht darstellen, welche die mit der Betriebsänderung verbundenen Probleme sind und warum er seine Lösungsvorschläge für die geeigneteren hält.

111   Auch eine Darstellung der der Einigungsstelle vorangegangenen Verhandlungen und die Gründe für das Scheitern sollten der/dem Vorsitzenden vom Betriebsrat möglichst noch vor der ersten Sitzung zugänglich gemacht werden. Sinnvoll ist es auch, aus dem Gremium ein Mitglied zum Ansprechpartner zu machen, damit Kontakte und Abstimmungen außerhalb der Einigungsstellensitzungen möglich sind.

112   Wenn das Ganze dann noch kurz und prägnant vor dem Beginn des Verfahrens in schriftlicher Form allen zugänglich gemacht wird, hat der Betriebsrat in der Vorbereitung das getan, was für einen erfolgreichen Verlauf nötig ist. I.d.R. wird er dann mit den meisten neutralen Vorsitzenden ohne Probleme kooperieren, weil er ihnen so einen einfachen Einstieg in die Materie ermöglicht. Zu viel Papier schadet allerdings meist mehr, als es Nutzen bringt.

113   Das Interesse der Einigungsstellenvorsitzenden daran, dass sich am Ende keine Seite als Verlierer des Verfahrens fühlt, verhindert bei einer Vielzahl von Verfahren eine Abstimmung über einen der Entwürfe oder auch einen ganz anderen Vorschlag eines Sozialplans, den die/der Einigungsstellenvorsitzende macht. Meist erfolgt in der Einigungsstelle eine Einigung auf einen Sozialplan aufgrund der Vermittlungsbemühungen der/des Vorsitzenden. Wenn es doch anders kommt und die Einigungsstelle eine Entscheidung durch Abstimmung treffen muss, unterliegt diese bestimmten, in § 112 Abs. 5 BetrVG aufgestellten Grenzen. Sie muss

▶ den Ausgleich für die wirtschaftlichen Nachteile so weit wie möglich den Gegebenheiten des Einzelfalls anpassen

▶ Beschäftigte von den Leistungen aus dem Sozialplan ausschließen, die einen zumutbaren Ersatzarbeitsplatz im selben Betrieb, Unternehmen oder Konzern ablehnen

▶ Fördermöglichkeiten durch die Arbeitsverwaltung berücksichtigen und

▶ bei der Gesamthöhe der Abfindungen darauf achten, dass nicht der Bestand des Unternehmens oder der verbleibenden Arbeitsplätze gefährdet wird.

114 Die Kriterien für die Ermessensbindung sind unterschiedlich präzise. Wann den Gegebenheiten des Einzelfalls bei der Bemessung von Abfindungen entsprochen wird, lässt sich kaum abstrakt beschreiben. Dies ist also eher ein politischer Programmsatz. Allerdings gibt es auch hier Grenzen: Wenn in einem solchen Einigungsstellenverfahren etwa allen Beschäftigten Abfindungen zugesprochen werden, deren Höhe ausschließlich in Abhängigkeit von Monatseinkommen und Betriebszugehörigkeit variiert, entspricht dies nicht mehr der Vorgabe (BAG vom 14.09.1994 – 10 ABR 7/94). Ähnlich verhält es sich mit der Forderung, den Bestand des Unternehmens oder der verbleibenden Arbeitsplätze nicht zu gefährden. Wann dies der Fall ist, lässt sich genauso wenig beschreiben. Das BAG allerdings hat den Rahmen weit gespannt. Der Sozialplan darf einen Umfang haben, der das Unternehmen an den Rand der Bestandsgefährdung bringt (BAG vom 09.11.2004 – 1 ABR 11/02).

115 Anders sieht es jedoch mit den weiteren Vorgaben aus. Der Ausschluss von Beschäftigten, die zumutbare Ersatzarbeitsplätze im selben Unternehmen, Betrieb oder Konzern ablehnen, steht nicht im freien Ermessen der Einigungsstelle. Sie muss ihnen die Leistungen verweigern, sonst ist ihre Entscheidung anfechtbar. Wenn die Betriebsparteien dagegen den Sozialplan in freien Verhandlungen – auch unter Vermittlung der Einigungsstelle – aufstellen, können sie auch diese Gruppe begünstigen. In der Einigungsstelle kommt es daher vor allem darauf an, das, was als zumutbar anzusehen sein soll, im Sozialplan genau zu beschreiben (vgl. hierzu Rz. 301 ff.). Ebenfalls muss die Einigungsstelle Fördermöglichkeiten durch die Arbeitsverwaltung berücksichtigen, wenn durch Qualifizierung zum Erhalt von Beschäftigungschancen beigetragen werden kann.

116 *Anfechtung des Spruchs der Einigungsstelle*
Der Spruch der Einigungsstelle ist gerichtlich anfechtbar. Diese Anfechtung kann auf formale und inhaltliche Fehler gestützt werden:

▶ Inhaltliche Fehler, etwa, ob die Abfindungen insgesamt ausreichend bemessen oder die richtigen Personen bei den Leistungen berücksichtigt worden sind, beziehen sich auf die Ausübung des Ermessens durch die Einigungsstelle. Die Anfechtung inhaltlicher Fehler muss innerhalb von zwei Wochen ab Zugang des Spruchs der Einigungsstelle erfolgen. Nach Ablauf dieser Frist kann der Sozialplan nicht mehr wegen inhaltlicher, sondern nur noch wegen formaler Mängel gerichtlich aufgehoben werden.

117 ▶ Formale Mängel sind solche, die entweder das Verfahren, also etwa ein gesetzwidriges Vorgehen bei den Abstimmungen, oder die Zuständigkeit der Einigungsstelle betreffen. So kann die Einigungsstelle den Arbeitgeber im Spruch nicht dazu verpflichten, an der Betriebsänderung selber Änderungen vorzunehmen, also weniger Personen zu entlassen oder die Änderung zu einem anderen Zeitpunkt durchzuführen. Solche Regelungen gehören in den Interessenausgleich, dessen Aufstellung in der Einigungsstelle nicht erzwungen werden kann. Eine auf diese Mängel gestützte Anfechtung ist jederzeit möglich.

118 ▶ Nach einer erfolgreichen Anfechtung muss dieselbe Einigungsstelle noch einmal zusammentreten, um den Fehler zu korrigieren oder sogar einen ganz neuen Sozialplan aufzustellen. Das Gericht stellt nur den Rechtsverstoß fest, schafft aber keine neue Regelung.

119 Bisher ist praktisch die gesamte Rechtsprechung, die sich mit der Frage der Zulässigkeit bestimmter Abfindungshöhen oder der Notwendigkeit, einzelne Gruppen vom Bezug der Leistungen aus dem Sozialplan auszunehmen befasst, zu Sozialplänen ergangen, die auf einem Spruch der Einigungsstelle beruhen. Hieraus lassen sich einige Hinweise ableiten.

120 Es ist für den Arbeitgeber oft von Vorteil, wenn er das Verfahren vor der Einigungsstelle so lange wie möglich hinauszögert. Je länger dies dauert, desto größer sind die Chancen, dass die Betroffenen neue Arbeitsplätze gefunden haben. Da die Rechtsprechung großen Wert darauf legt, die Chancen am Arbeitsmarkt konkret zu berücksichtigen (BAG vom 14.09.1994 – 10 ABR 7/94, AiB 1995, 469), ist natürlich der Umstand, dass die Betroffenen wieder in Lohn und Brot stehen, für den Arbeitgeber immer ein Argument, die Abfindungen für diese Personen erheblich zu reduzieren. Unberücksichtigt bleibt dabei, wie sicher solche Stellen sind und ob sie auch nur annähernd den bisherigen Status wahren.

121 Der Betriebsrat muss sich auf eine solche Argumentation nicht einlassen, sondern kann sich auf den Standpunkt stellen, dass es nur auf die wirtschaftlichen Nachteile ankommt, mit denen zum Zeitpunkt der Betriebsänderung zu rechnen war. Dies entspricht auch der früheren, inzwischen aber ohne nähere Begründung geänderten Rechtsprechung des BAG (BAG vom 14.09.1994 – 10 ABR 7/94, AiB 1995, 469 einerseits und 23.04.1985 – 1 ABR 3/81 andererseits). Faktisch geht von dieser

Rechtsprechung aber ein unmittelbarer Druck auf den Betriebsrat aus, die Verhandlungen um den Sozialplan möglichst zügig abzuschließen – auch wenn dies rechtlich eigentlich nicht erforderlich ist (vgl. Rz. 34). In der Einigungsstelle muss die weitere Entwicklung, also insbesondere die Aufnahme einer Beschäftigung gem. § 112 Abs. 5 BetrVG berücksichtigt werden, dies darf aber nicht zwangsläufig dazu führen, dass die Betroffenen leer ausgehen. Indem die Einigungsstelle den „Gegebenheiten des Einzelfalls" Rechnung zu tragen verpflichtet ist, kann sie auch wirtschaftliche Verluste ausgleichen, die durch den Wechsel des Arbeitsplatzes entstanden sind. Allerdings ist auch ein völliger Ausschluss derjenigen, die wieder einen Arbeitsplatz haben, zulässig, wenn der Arbeitgeber hierzu einen Beitrag – etwa durch Vermittlungstätigkeit – geleistet hat (BAG vom 22.03.2005 – 1 ABR 3/04).

122   Die Berücksichtigung der „Gegebenheiten des Einzelfalls" bei der Abfindungshöhe erfolgt am besten durch eine Kombination von Berechnungsformeln, in der insbesondere das Alter und die Betriebszugehörigkeit Berücksichtigung finden, und Zuschlägen, die für besondere Umstände gezahlt werden, die die Arbeitsplatzsuche erschweren oder für die Betroffenen besondere Belastungen beinhalten. Wegen der Vorgaben des AGG darf das Alter aber nicht mehr allein zu einer linearen Erhöhung der Abfindung führen (vgl. Rz. 372). Besondere Umstände können z.B. sein:

▶ Schwerbehinderung
▶ Alter (über 45 Jahre)
▶ Anzahl der unterhaltsberechtigten Kinder
▶ Status als alleinerziehender Elternteil.

123   Je präziser die Festlegung, was mit den einzelnen Faktoren gemeint ist, desto besser ist der Schutz vor juristischen Überraschungen. Ob bei der Betriebszugehörigkeit und dem Lebensalter nur vollendete Jahre zählen oder auch angefangene anteilig, ob Zeiten des Wehrdiensts oder der längerfristigen Qualifizierung bei der Betriebszugehörigkeit mitzählen, das sind im Streitfall Fragen, die Gerichte zu beantworten haben – mit weitgehend offenem Ausgang. Deshalb ist es immer besser, die Antworten im Sozialplan selber zu geben und zu beschreiben, was im Einzelfall gemeint ist.

124   Zuschläge für Unterhaltsverpflichtungen gegenüber Kindern werden üblicherweise von deren Eintragung in die Steuerkarte abhängig gemacht. Das ist zulässig, auch wenn etwa die Kinder ausländischer Beschäftigter nicht in Deutschland leben und deshalb nicht in der Steuer-

karte auftauchen (BAG vom 12.03.1997 – 10 AZR 648/96, AiB 1997, 475). Hier sollte also zumindest ein in der Zukunft liegender Stichtag für diese Feststellung gewählt werden, damit die Betroffenen ihre Kinder noch nachtragen lassen können.

125   Das BAG hat einen Spruch der Einigungsstelle aufgehoben, der unterschiedslos für alle Beschäftigten einen Bruttomonatsverdienst pro Beschäftigungsjahr vorsah, mit der Begründung, hier seien die Gegebenheiten des Einzelfalls unberücksichtigt geblieben (BAG vom 14.09.1994 – 10 ABR 7/94, AiB 1995, 469). Genauso ist es einem in einer Einigungsstelle zustande gekommenen Sozialplan gegangen, der Abfindungen vorsah, obwohl entsprechende Nachteile gar nicht entstehen konnten (BAG vom 25.01.2000 – 1 ABR 1/99, AiB 2001, 663).

126   Auch ein in einer Einigungsstelle beschlossener Sozialplan, der nicht ausdrücklich diejenigen ausschließt, die einen zumutbaren Ersatzarbeitsplatz ablehnen, wird insoweit bei einer gerichtlichen Überprüfung keinen Bestand haben. Um aber die Betroffenen nicht in langwierige Auseinandersetzungen um die Frage hineinzutreiben, ob ein spezieller Arbeitsplatz zumutbar war oder nicht, sollte der Betriebsrat darauf achten, dass Kriterien für die Zumutbarkeit in den Sozialplan aufgenommen werden (vgl. Rz. 301).

127   Hier wird der Betriebsrat sich nur durchsetzen können, wenn er einen entsprechend differenzierten Entwurf zur Definition der Zumutbarkeit in die Einigungsstelle mitbringen kann.

128   Nicht möglich ist es, durch einen Spruch der Einigungsstelle einen Rahmen-, Dauer- oder Mustersozialplan aufzustellen, der unabhängig von konkreten Betriebsänderungen einen Ausgleich für durch personelle Maßnahmen verursachte wirtschaftliche Nachteile vorsieht. Hierbei handelt es sich um eine freiwillige Vereinbarung. Deren Existenz hindert den Betriebsrat allerdings später auch nicht, im Fall einer dann in Angriff genommenen konkreten Betriebsänderung einen anderen, verbesserten Sozialplan zu fordern und mittels einer Einigungsstelle durchzusetzen. Sein Mitbestimmungsrecht ist hierfür nur dann „verbraucht", wenn diese Betriebsänderung bei Abschluss des vorsorglichen Sozialplans zumindest in Umrissen bereits abschätzbar war (BAG vom 26.08.1997 – 1 ABR 12/97).

1.7 Arbeitsgericht

129   Der Betriebsrat kann nicht nur die Hilfe der Einigungsstelle als Vermittlungsorgan im Rahmen der Verhandlungen über Sozialplan und Interes-

senausgleich nutzen. Auch das Arbeitsgericht ist u.U. eine Instanz, derer er sich bedienen sollte. Dabei bereitet in der Praxis häufig die Abgrenzung der jeweiligen Kompetenzen Schwierigkeiten.

130   Das Arbeitsgericht kann lediglich nach den Kriterien „rechtmäßig" oder „unrechtmäßig" entscheiden. Es kann innerbetriebliche Konflikte nicht unter dem Gesichtspunkt der Zweckmäßigkeit lösen. Deutlich wird der Unterschied am Beispiel der Abfindungshöhe im Sozialplan:

131   Ist der Arbeitgeber der Ansicht, die vom Betriebsrat verlangten Abfindungen seien zu hoch, kann er zunächst in der Einigungsstelle versuchen, sie zu reduzieren. Diese entscheidet vor allem unter praktischen Gesichtspunkten, orientiert sich also an den zu erwartenden Nachteilen und den zur Verfügung stehenden Mitteln. Sie hat dabei einen weiten Ermessensspielraum, begrenzt lediglich durch die allgemeinen Anforderungen in § 75 Abs. 1 BetrVG (Behandlung der Arbeitnehmer/-innen nach den Grundsätzen von Recht und Billigkeit), das AGG und § 112 Abs. 5 BetrVG (keine Gefährdung des Unternehmens). Praktisch jede Festlegung zwischen diesen Polen ist zulässig.

132   Hält der Arbeitgeber das Ergebnis dennoch für untragbar, muss er den Spruch vor dem Arbeitsgericht anfechten. Hierzu stellt er dort einen Antrag, der allerdings nicht lauten kann, die Abfindungshöhe zu reduzieren, sondern nur, die Unwirksamkeit der Regelungen bezüglich der Abfindungshöhe festzustellen.

133   Die Situation des Arbeitsgerichts ist spiegelbildlich zu der der Einigungsstelle: Es überprüft nicht, ob die Abfindungen generell angemessen sind, sondern nur, ob die beschriebenen Grenzen eingehalten wurden, der Spruch der Einigungsstelle also rechtmäßig ist. Ist dies der Fall, weist es den Antrag des Arbeitgebers ab, andernfalls stellt es die Unwirksamkeit fest, legt aber nicht selbst die angemessene Höhe fest. Dies müssen wiederum die Betriebsparteien bzw. die Einigungsstelle machen.

134   Eine kurze Formel zur Abgrenzung der Kompetenzen beider Institutionen lautet: Die Einigungsstelle regelt, das Arbeitsgericht entscheidet. Damit ist für den Betriebsrat der Weg zum Arbeitsgericht immer dann interessant, wenn es darum geht,

▶ den Arbeitgeber zu bestimmten Handlungen zu verpflichten
▶ ihm bestimmte Handlungen zu untersagen
▶ festzustellen, dass ein Vorgang eine Betriebsänderung ist
▶ eine Einigungsstelle einsetzen zu lassen.

135   Das Interesse, den Arbeitgeber zu einzelnen Handlungen zu verpflichten, ist im Zusammenhang mit einer Betriebsänderung, insbesondere im Bereich der Informationsrechte einschließlich der Vorlage von Unterlagen gegeben. Ein großes Problem für den Betriebsrat ist häufig, nicht genau zu wissen, was eigentlich alles mit der geplanten Maßnahme in Zusammenhang steht und welche Auswirkungen diese haben wird. Kommt der Arbeitgeber seinen diesbezüglichen Unterrichtungspflichten nicht nach, kann der Betriebsrat deren Erfüllung einklagen. Dabei ist sein Anspruch unabhängig davon, ob die Verweigerungshaltung des Arbeitgebers ein grober Verstoß gegen dessen betriebsverfassungsrechtliche Pflichten ist (BAG vom 17.05.1983 – 1 ABR 21/80).

136   In einem solchen Gerichtsverfahren muss der Betriebsrat sein Informationsanliegen sehr präzise formulieren. Das Arbeitsgericht muss am Ende eine Entscheidung darüber treffen, ob der Arbeitgeber verpflichtet ist, die vom Betriebsrat gewünschten Informationen zu liefern. Die Frage etwa, welche Nachteile die Beschäftigten aufgrund einer Maßnahme haben werden, mag zwar den Arbeitgeber zu einer Antwort verpflichten und damit den Betriebsrat das Verfahren gewinnen lassen. Allerdings kann die Antwort auch schlicht aus einem „Das wissen wir noch nicht!" bestehen. Trotz eines Siegs beim Arbeitsgericht hat der Betriebsrat danach nichts, womit er arbeiten könnte.

137   Deshalb sollte das Informationsbegehren so gestellt sein, dass ein Ausweichen schwer möglich ist. Die Frage danach, mit wie vielen Arbeitnehmerinnen/Arbeitnehmern in einem bestimmten Zeitraum Aufhebungsverträge geschlossen wurden, lässt sich nur mit Zahlen, nicht aber mit Ausflüchten beantworten. Eine Verurteilung zu einer solchen Auskunft ist tatsächlich durchsetzbar.

138   Durch eine gerichtliche Entscheidung kann der Betriebsrat den Arbeitgeber allerdings nicht verpflichten lassen, Verhandlungen über Interessenausgleich und Sozialplan mit ihm zu führen. Diese Verhandlungen kann er gem. § 112 Abs. 2 BetrVG über die Einigungsstelle erzwingen; er braucht hierfür also das Arbeitsgericht nicht.

139   Ein Bedürfnis danach, dem Arbeitgeber einzelne Handlungen zu untersagen, kann im Rahmen einer Betriebsänderung in zweierlei Hinsicht bestehen: Einerseits werden in diesem Zusammenhang meist auch andere Mitbestimmungsrechte intensiver genutzt, um den Arbeitgeber zu einem größeren Entgegenkommen bei den Verhandlungen von Sozialplan und Interessenausgleich zu bewegen. Ein in den meisten Fällen eher

„schludriger" Umgang mit der Mitbestimmung, etwa bei der Anordnung von Mehrarbeit, wird in dieser Situation von den Betriebsräten nicht mehr so einfach toleriert und Mehrarbeit eher durch Gerichtsbeschluss untersagt.

140 In unmittelbarem Zusammenhang mit der Betriebsänderung hingegen steht der Versuch mancher Betriebsräte, dem Arbeitgeber bei einer sich abzeichnenden Betriebsänderung den Ausspruch betriebsbedingter Kündigungen oder anderer Maßnahmen, die einen Beginn der Betriebsänderung darstellen, bis zur Verhandlung eines Interessenausgleichs gerichtlich verbieten zu lassen. Die Zulässigkeit einer solchen gerichtlichen Entscheidung ist höchst umstritten. Entsprechend unterschiedlich und uneinheitlich ist die Spruchpraxis der Arbeitsgerichte und Landesarbeitsgerichte (vgl. „Gerichtliches Kündigungsverbot vor der Verhandlung des Interessenausgleichs?", Rz. 414 ff.).

141 Da häufig schon die Drohung der Einleitung eines solchen Verfahrens zur Vergrößerung der Verhandlungsbereitschaft auf Arbeitgeberseite führt, sollten Betriebsräte sich nicht ausschließlich an den juristischen Erfolgsaussichten orientieren. Selbst wenn bislang aus dem eigenen LAG-Bezirk nur diesen Anspruch zurückweisende Entscheidungen existieren, kann das örtliche Arbeitsgericht durchaus zu einem anderen Ergebnis kommen und sich die Verhandlungssituation aufgrund eines solchen Beschlusses schlagartig verbessern.

142 Ist zwischen Arbeitgeber und Betriebsrat sogar die Grundfrage umstritten, ob ein bestimmter Vorgang eine Betriebsänderung ist, lohnt sich die Einleitung eines separaten Verfahrens vor dem Arbeitsgericht, um dies verbindlich feststellen zu lassen. Allerdings muss nicht dessen Ergebnis abgewartet werden, um die Verhandlungen über Sozialplan und Interessenausgleich aufzunehmen. Zieht sich ein derartiger Prozess durch alle drei Instanzen, können bis zur Entscheidung durch das BAG ohne Weiteres zwei oder mehr Jahre vergehen. Dennoch hat ein derartiger Prozess seinen Sinn: Der Arbeitgeber, der bestreitet, dass es sich bei der von ihm beabsichtigten Maßnahme um eine Betriebsänderung handelt, wird regelmäßig auch keine Verhandlungen über einen Interessenausgleich führen. Die Folge: Liegt doch eine Betriebsänderung vor, haben die Beschäftigten, die dabei Nachteile erleiden, Anspruch auf Nachteilsausgleich.

143 Wenn sie diesen einklagen, ist die Entscheidung aus dem Prozess, den Betriebsrat und Arbeitgeber zum selben Thema geführt haben, maßgeblich (BAG vom 10.11.1987 – 1 AZR 360/86). Da die Lage vor Gericht aber für den Betriebsrat erheblich einfacher ist als für die/den Beschäftigten,

ist der Nachteilsausgleich so leichter durchzusetzen. Der Betriebsrat geht weder ein Kostenrisiko ein, noch ist er derjenige, der allein beweisen muss, dass eine Betriebsänderung passiert. Das Gericht muss das von Amts wegen ermitteln, weshalb sich der Arbeitgeber nicht – wie im Verfahren gegen einzelne Beschäftigte – darauf beschränken kann, alle entsprechenden Behauptungen zu bestreiten. Außerdem hat er während der gesamten Verhandlungen das Risiko des Nachteilsausgleichs vor Augen, das er nur durch eine Einigung mit dem Betriebsrat beseitigen kann.

144   Eine solche Reichweite hat nur die Entscheidung des Arbeitsgerichts über das Bestehen einer Betriebsänderung, nicht aber die über die Bestellung der Einigungsstelle. Die muss zwar, wenn dies umstritten ist, ebenfalls noch einmal zunächst ihre eigene Zuständigkeit feststellen. Da dies jedoch eine Rechtsfrage ist und keine Regelung der betrieblichen Angelegenheiten beinhaltet, ist diese Entscheidung insoweit unverbindlich, als sie vom Arbeitsgericht jederzeit wieder aufgehoben werden kann. Zweifelt der Arbeitgeber die Zuständigkeit der Einigungsstelle auch noch nach deren Beschluss hierüber an, so muss er selber das beschriebene Feststellungsverfahren einleiten. Andernfalls wird dessen Richtigkeit unterstellt, bis das Gericht eine andere Entscheidung trifft; die Beschäftigten können sich auf das Ergebnis des Einigungsstellenverfahrens berufen.

145   Auch die gerichtliche Bestellung der Einigungsstelle, die in derartigen Konflikten fast die Regel ist, sagt noch nichts über ihre Zuständigkeit aus. Gemäß § 98 Abs. 1 ArbGG darf das Arbeitsgericht einen Antrag auf Bestellung der Einigungsstelle nur zurückweisen, wenn diese offensichtlich unzuständig ist, also der Sachverhalt sich keinem Mitbestimmungsrecht zuordnen lässt (LAG Köln vom 02.09.1999 – 10 TaBV 44/99). Diese niedrige Hürde gibt dem Betriebsrat zunächst eine schnell zu realisierende Möglichkeit, in das Verfahren einzusteigen und so den Arbeitgeber an den Verhandlungstisch zu zwingen. Er sollte dies nutzen, weil sich unter Beteiligung externer Personen (Vorsitzende, Beisitzer) häufig sehr viel leichter Fortschritte erzielen lassen. Allerdings besagt die gerichtliche Bestellung nur, dass keine offensichtliche Unzuständigkeit der Einigungsstelle besteht, nicht aber, dass diese wirklich zuständig ist. Diese Frage lässt sich nur im separaten Feststellungsverfahren vor dem Arbeitsgericht klären. Die Einigungsstelle muss aber nicht das Ergebnis des Feststellungsverfahrens abwarten, sondern kann sofort tätig werden. Alles andere würde angesichts der mehrjährigen Dauer der Gerichtsverfahren den Zweck der Einigungsstelle vereiteln (hierzu BAG vom 08.08.1989 – 1 ABR 61/88).

1.8 Sachverständige, Schulungen

146 Betriebsänderungen sind Abweichungen von den normalen betrieblichen Abläufen, die eine besondere Kompetenz aufseiten des Betriebsrats erfordern. Er muss hier tief in wirtschaftliche Fragen einsteigen und Regelungen schaffen, wie das Unternehmen sich weiterentwickeln soll. Dabei müssen wirtschaftliche und juristische Wechselwirkungen berücksichtigt werden.

147 Dies ist eine Tätigkeit, die selbst von Rechtsanwälten/Rechtsanwältinnen, die eigentlich von Berufs wegen hiermit befasst sind, nur mit Zurückhaltung ausgeübt wird. An der Universität gelehrt wird sie nicht. Die Folge: Auch bei diesem Personenkreis dominieren die Handbücher mit Mustervereinbarungen, die dann – wenn es gut läuft – an den konkreten Fall angepasst werden. Dass Betriebsräte in dieser Situation ebenfalls erst einmal hilflos sind und zu Vereinbarungen anderer Betriebe greifen, um sich dort Anregungen zu holen, verwundert also nicht. Problematisch wird dies nur dann, wenn diese Texte – etwa weil sie als besondere Erfolge der dortigen Betriebsräte gelten – einfach für den eigenen Betrieb übernommen werden.

148 Solche Vereinbarungen werden zumeist nicht auf die eigenen Verhältnisse passen, weil die darin enthaltenen Lösungsmodelle im Rahmen des Interessenausgleichs nichts mit den eigenen Problemen und Möglichkeiten zu tun haben. Dort, wo es um Zahlen geht, sind sie bereits ein Kompromiss, enthalten also Abstriche gegenüber den ursprünglichen Forderungen der sie aushandelnden Betriebsräte. Es gibt keinen Anlass, in die Verhandlungen mit Größenordnungen einzusteigen, die nicht mindestens das Maximum dessen darstellen, was der Betriebsrat für angemessen hält – unabhängig davon, ob das Gremium selbst an die Realisierung solcher Vorstellungen glaubt.

149 Auch das innerhalb der Verhandlungen erforderliche Verhalten ist ein anderes als bei „normalen" Mitbestimmungssachverhalten. Der Betriebsrat muss sich daher sowohl inhaltlich als auch taktisch auf eine ihm im Wesentlichen unbekannte Situation einstellen.

150 Hierzu stehen zwei Mittel zur Verfügung, auf deren Nutzung er auf keinen Fall verzichten sollte: die sachverständige Beratung und die Teilnahme an speziellen Schulungsmaßnahmen. Den besonderen Sachverstand kann er sich entweder bei der zuständigen Gewerkschaft besorgen oder aber bei anderen Experten. Die Beauftragung solcher Sachverständiger kann der Betriebsrat in Unternehmen mit mehr als 300 Beschäftigten gem. § 111 Satz 2 BetrVG selber vornehmen. In kleineren Unternehmen bedarf es

zur Hinzuziehung von externen Beratern gem. § 80 Abs. 3 BetrVG einer vorherigen Vereinbarung mit dem Arbeitgeber.

150a   Der Betriebsrat kann diese Beauftragung wirksam vornehmen, auch wenn er selbst nicht rechtsfähig ist. Das Risiko für ihn ist dabei überschaubar: Zwar müsste er theoretisch damit auch für die Honorarforderungen des Sachverständigen einstehen, wenn der Arbeitgeber nicht zahlt. Soweit die Beauftragung jedoch erforderlich war, handelt die/der Betriebsratsvorsitzende im Rahmen ihrer/seiner Vertretungsmacht. Überschreitet sie/er diese, ist es Sache des Sachverständigen, dies zu erkennen und den Auftrag nicht anzunehmen (BGH vom 25.10.2012 – III ZR 266/11). Damit würde der Betriebsrat nur dann für die Honorarforderungen des Sachverständigen haften, wenn er diesen gezielt über die Erforderlichkeit getäuscht hat. Dieser Fall ist jedoch praktisch undenkbar.

151   Bekommt der Betriebsrat in Unternehmen mit weniger als 300 Beschäftigten keine Zustimmung des Arbeitgebers zur Bestellung eines oder einer Sachverständigen, darf er die Beauftragung nicht einfach vornehmen, sondern muss sie arbeitsgerichtlich durchsetzen. Dies ist gerade bei einer anstehenden Betriebsänderung mittels einer einstweiligen Verfügung möglich (LAG Hamm vom 15.03.1994 – 13 TaBV 16/94, AiB 1994, 423).

152   Der Arbeitgeber kann sich gegen die Beauftragung eines externen Sachverständigen nicht mit dem Angebot wehren, dem Betriebsrat eigene Fachkräfte zur Verfügung zu stellen. Das BAG hat in einem Fall, in dem es um die Beantwortung von im Wesentlichen technischen Fragen bei der Einführung einer neuen Datenverarbeitungsanlage ging, den Betriebsrat für verpflichtet gehalten, zunächst diesen firmeninternen Sachverstand auszuschöpfen (BAG vom 26.02.1992 – 7 ABR 51/90). Dies kann jedoch in einem Bereich wie der Betriebsänderung, bei dem sich die Interessen beider Seiten konträr gegenüberstehen, keine Gültigkeit haben (ArbG Münster vom 30.06.1995 – 4 BVGa 5/95, n.v.). Andernfalls wäre der Betriebsrat verpflichtet, seine internen Überlegungen mit einem Vertreter des Arbeitgebers zu besprechen. Allerdings verlangt die Rechtsprechung immer, erst die zur Verfügung stehenden Erkenntnisquellen zu nutzen (BAG vom 26.11.2005 – 7 ABR 12/05).

153   Eine weitere Möglichkeit der internen Vorbereitung auf eine Betriebsänderung besteht in der Teilnahme an Schulungsmaßnahmen zum Thema „Interessenausgleich und Sozialplan". Diese ist zumindest für die verhandlungsführenden Mitglieder des Betriebsrats gem. §§ 37 Abs. 6 und 40 BetrVG erforderlich. Allerdings kann die Teilnahme an solchen speziellen

Seminaren dazu führen, dass Arbeitgeber und Arbeitsgerichte die Begleitung der späteren Verhandlungen durch Sachverständige für nicht mehr erforderlich halten, weil sich der Betriebsrat bereits die erforderlichen Fachkenntnisse verschafft hat. Ein solches Risiko darf jedoch nicht zum Verzicht auf entsprechende Schulungsveranstaltungen führen. Auch eine noch so gute Beratung im Einzelfall ersetzt nicht die eigene Kompetenz der Interessenvertretungsorgane.

154   Der Betriebsrat muss in einem solchen Fall plausibel machen, warum er zusätzlich zu der Schulungsmaßnahme noch weitere Unterstützung benötigt. Dies dürfte kaum Schwierigkeiten bereiten, weil diese Seminare sich zumeist mit allgemeinen Problemen und der grundlegenden Handhabung der gesetzlichen Vorschriften befassen, niemals aber mit der speziellen, insbesondere wirtschaftlichen Situation des einzelnen Unternehmens.

155   Da Spezialseminare zum Thema „Betriebsänderung" nicht jederzeit angeboten werden, kann der Betriebsrat auch eine separate Schulung für sich organisieren lassen. Auch die hierfür entstehenden Kosten muss der Arbeitgeber gem. § 40 BetrVG tragen. Da bei einer solchen Maßnahme in großem Umfang auch die besonderen Probleme des eigenen Betriebs angesprochen werden dürften, ist es ratsam, die die Schulung durchführende Person gleichzeitig mit Zustimmung des Arbeitgebers zum Sachverständigen zu bestellen. Andernfalls unterliegt sie nicht der Geheimhaltungspflicht nach § 79 BetrVG, was dazu führt, dass der Betriebsrat keine geheimhaltungsbedürftigen internen Fragen mit der/dem Betreffenden besprechen darf.

1.9 Öffentlichkeitsarbeit

156   Betriebsänderungen, die einen Personalabbau beinhalten, stoßen angesichts der hohen Zahl von Arbeitslosen häufig auch auf öffentliches Interesse. Weil Arbeitgeber dies wissen und gleichzeitig auch immer auf Imagepflege bedacht sind, beeinflussen viele die öffentliche Wahrnehmung gezielt durch professionelle Presse- und Öffentlichkeitsarbeit. Entlassungen werden so zu „Freisetzungen", Arbeitsplatzabbau mutiert zur „Restrukturierung" und „Standortsicherung".

157   Derartige Sprechblasen sollen nicht nur in den Köpfen der Außenstehenden und der Politiker/-innen platzen. Sie haben ihre Wirkung auch auf die Beschäftigten selber. Damit kann Entsolidarisierung und Einzel-

kämpfermentalität in der Belegschaft hervorgerufen werden: Die Arbeit-nehmer/-innen verlangen plötzlich vom Betriebsrat, schnell mit dem Arbeitgeber Fakten zu schaffen und zu sagen, wie es weitergeht. Diejenigen, die Aussichten auf Weiterbeschäftigung haben, verlangen einen niedrig dotierten Sozialplan, andere ergreifen die erste Gelegenheit beim Schopf und verlassen das – scheinbar – sinkende Schiff, dringen dabei aber noch auf eine Unterstützung des Betriebsrats zur Vergoldung dieses Abschieds.

158   Dass dies kein geeignetes Milieu für erfolgreiche Verhandlungen mit dem Arbeitgeber ist, versteht sich von selbst. Deshalb muss der Betriebsrat dem eine eigene Öffentlichkeitsarbeit entgegenstellen. Hier geht es vor allem darum, zu verdeutlichen, dass die vom Arbeitgeber in Aussicht genommene Maßnahme nicht die einzig denkbare Lösung für die Probleme darstellt. Mögliche Alternativen hierzu wird der Betriebsrat aus seiner Kenntnis der betrieblichen Zustände und der meist verschleppten Manage-mentprobleme selbst am besten kennen. Zu deren schlüssiger Entwicklung kann er sich wiederum der Hilfe von Sachverständigen bedienen, weil genau dies das Thema ist, über das er mit dem Arbeitgeber im Rahmen eines Interessenausgleichs reden muss.

159   Allerdings gibt es bei der Öffentlichkeitsarbeit einen wesentlichen Nachteil für den Betriebsrat: Während der Arbeitgeber völlig frei entschei-den darf, welche Informationen er der Öffentlichkeit weitergibt, unterliegt der Betriebsrat hier der Beschränkung durch § 79 BetrVG. Danach darf er Betriebs- oder Geschäftsgeheimnisse, die der Arbeitgeber als solche bezeichnet hat, nicht gegenüber Dritten offenbaren. Da Arbeitgeber in die-ser Situation sehr großzügig damit sind, einzelne Informationen als geheim-haltungsbedürftig zu kennzeichnen, entsteht immer eine unsichere Lage für den Betriebsrat. Zwar ist nicht alles ein Geschäftsgeheimnis, was der Arbeit-geber als solches bezeichnet – zumal nicht gegenüber den Beschäftigten selbst, da z. B. Personalabbau das Interesse des Einzelnen ganz unmittelbar berührt und Stillschweigen eher den Vertretungsauftrag des Betriebsrats verletzen würde. Jedoch ist es für die Verhandlungen von Interessenausgleich und Sozialplan keineswegs förderlich, wenn gleichzeitig auch noch Amts-enthebungs- oder sogar Strafverfahren wegen Geheimnisverrats geführt werden.

160   Das BAG hat dem Betriebsrat grundsätzlich kein Recht zugestan-den, sich an die Öffentlichkeit zu wenden, solange der Arbeitgeber hierfür keinen Anlass gegeben hat (BAG vom 18.09.1991 – 7 ABR 63/90). Dieses Problem bekommt er jedoch in den Griff, wenn er eines der bereits beschrie-

benen Gerichtsverfahren führt. Innerhalb des Gerichtssaals darf offen über alles, auch über die vom Arbeitgeber als Geheimnis bezeichneten Angelegenheiten, gesprochen werden. Das Verfahren kann auch angestrengt werden, um feststellen zu lassen, ob hinsichtlich der Informationen wirklich Geheimhaltungsbedarf besteht. Da die Gerichtsverhandlung öffentlich ist, müssen zu ihr nur noch die Vertreter/-innen der örtlichen Presse eingeladen werden.

161   Auch die Betriebsversammlung ist ein wichtiges Instrument, um beim Kampf um die Köpfe nicht ins Hintertreffen zu geraten. Die muss allerdings so vorbereitet sein, dass sie nicht der Arbeitgeber mit seinen Positionen dominiert. Selbst wenn im betreffenden Kalendervierteljahr schon eine Betriebsversammlung stattgefunden hat, kann der Betriebsrat eine zusätzliche gem. § 43 Abs. 1 Satz 4 BetrVG während der Arbeitszeit durchführen.

162   Zur Durchführung einer solchen weiteren Versammlung existiert zwar eine äußerst einschränkende Rechtsprechung des BAG (BAG vom 23.10.1991 – 7 AZR 249/90). Der Betriebsrat wird jedoch hier auf der sicheren Seite sein, wenn er zum Thema dieser Versammlung ausdrücklich die Diskussion der Strategie des Betriebsrats bei der anstehenden Betriebsänderung macht. Eine Verständigung hierüber ist in einem sehr frühen Stadium der Verhandlungen erforderlich. Keinesfalls sollte das Hauptthema die Weitergabe von Informationen durch den Arbeitgeber an die Beschäftigten sein. Diese Versammlung könnte der Arbeitgeber ohne Probleme blockieren, indem er vorher ankündigt, keine neuen Tatsachen mitteilen zu können oder aber diese vorher schriftlich an die Belegschaft gibt. Der wesentliche Vorteil einer Betriebsversammlung, die Verständigung über gemeinsame Ziele und die Solidarisierung, würde damit vereitelt.

2 Welche Betriebsänderung löst Mitbestimmungsrechte aus?

2.1 Die gesetzliche Regelung

163   Wann eine mitbestimmungspflichtige Betriebsänderung gegeben ist, beschreibt § 111 BetrVG. Dabei sind zunächst zwei Voraussetzungen zu beachten, die noch nichts mit der Änderung selbst, sondern mit der bestehenden Situation im Betrieb zu tun haben:

▶ Es müssen regelmäßig mehr als 20 wahlberechtigte Arbeitnehmer/-innen im Unternehmen beschäftigt sein und

▶ es muss ein Betriebsrat im Amt sein.

Beide Voraussetzungen müssen erfüllt sein, wenn der Arbeitgeber mit der Planung der Betriebsänderung beginnt.

164   Zu den wahlberechtigten Arbeitnehmern zählen alle Beschäftigten, die über 18 Jahre alt und weder Organe der Gesellschaft (Geschäftsführung, Vorstand) oder deren Eigentümer, noch unmittelbare Verwandte des Arbeitgebers oder leitende Angestellte sind. Die Kriterien sind im Einzelnen in den §§ 5 und 7 BetrVG beschrieben. Auch Leiharbeitnehmer zählen nach der Rechtsprechung des BAG (BAG vom 13.03.2013 – 7 ABR 69/11) mit. Problematisch ist häufig die Antwort auf die Frage, wann die Beschäftigtenzahl über zwanzig liegt. Gerade Personalabbaumaßnahmen kommen meist nicht schlagartig, sondern haben kleinere Vorläufer, die die Betriebsgröße unter diese magische Grenze drücken können.

165   Maßgeblicher Zeitpunkt für die Feststellung der Sozialplanpflichtigkeit einer Maßnahme ist derjenige der Entstehung der Beteiligungsrechte nach §§ 111, 112 BetrVG, also die erstmalige ernsthafte Beschäftigung des Arbeitgebers mit der Möglichkeit der Betriebsänderung. Erweist sich allerdings ein Personalabbau, der einem Stilllegungsbeschluss vorausgeht, rückblickend als Vorstufe dieser Einstellung der Betriebstätigkeit, so ist auf die Zahl der Beschäftigten vor dieser ersten Reduzierung abzustellen (BAG vom 09.05.1995 – 1 ABR 51/94).

166   Entscheidend ist die regelmäßige Arbeitnehmerzahl, nicht die zufällige tatsächliche Unternehmensgröße zu einem bestimmten Zeitpunkt. Dies ist die Personalstärke, die für das Unternehmen im Allgemeinen kennzeichnend ist. Hierzu bedarf es eines Rückblicks auf die bisherige personelle Stärke des Betriebs, nicht aber der Berechnung einer durchschnittlichen

Beschäftigtenzahl während einer bestimmten Periode. Das Unternehmen kann also durchaus zeitweise mit Kündigungen unter die 20-Personen-Marke gedrückt werden, ohne dass der Anspruch auf Abschluss des Sozialplans und Verhandlung eines Interessenausgleichs verloren geht (BAG vom 22.02.1983 – 1 AZR 260/81).

167   Es kommt nur auf die tatsächliche Zahl der Beschäftigten an. Deshalb zählen Teilzeitkräfte bei der Berechnung der Betriebsgröße ohne Umrechnung der Stundenzahl auf Vollzeitarbeitskräfte mit (LAG Baden-Württemberg vom 16.06.1987 – 8 (14) TaBV 21/86). Die in anderen Gesetzen – etwa dem KSchG – vorgesehene, nur anteilige Berücksichtigung von Teilzeitkräften gilt im Betriebsverfassungsrecht nicht.

168   Wenn die Betriebsänderung geplant wird, muss der Betriebsrat bereits im Amt sein. Da der Interessenausgleich in die Planungen noch vor der Umsetzung der Betriebsänderung eingreifen soll, kann ein erst nach deren Abschluss gewählter Betriebsrat hier nichts mehr ausrichten. Der Arbeitgeber darf also die Betriebsänderung mitbestimmungsfrei durchführen (BAG vom 20.04.1982 – 1 ABR 3/80). Beschäftigte, die sich erst zu spät ihrer Rechte entsinnen, werden vor den Arbeitsgerichten mit Sicherheit Schiffbruch erleiden, wenn sie dann noch versuchen, einen Sozialplan durchzusetzen.

169   Auch für Betriebsräte kann dieses Thema brisant werden, wenn sie in stillschweigender Übereinkunft oder auch durch Betriebsvereinbarung besondere Vertretungsstrukturen geschaffen haben, ohne die Voraussetzungen des § 3 BetrVG zu beachten. Solche Vereinbarungen sind rechtlich wirkungslos und die betroffenen Arbeitnehmer/-innen im Ernstfall ohne Interessenvertretung. Der Arbeitgeber kann also hier Betriebsänderungen durchführen, ohne zu Verhandlungen über Interessenausgleich und Sozialplan verpflichtet zu sein.

170   Die gesetzliche Regelung formuliert in § 111 BetrVG weiterhin, dass die Betriebsänderung wesentliche Nachteile für die Belegschaft oder Teile hiervon zur Folge haben kann. Daraus ist ersichtlich, dass im Vorfeld einer Betriebsänderung eine Auseinandersetzung mit dem Arbeitgeber darüber, ob diese Nachteile für die Beschäftigten haben wird, müßig ist. Es reicht aus, wenn solche nicht auszuschließen sind.

171   Fünf Typen von Betriebsänderungen sind in § 111 BetrVG aufgelistet. Ob dieser Katalog nur beispielhaft oder abschließend ist, ist eine eher theoretische Frage, weil sich praktisch wohl alle Vorgänge diesen Beispielen zuordnen lassen. Für die aufgezählten Tatbestände ist in der Rechtspre-

chung anerkannt, dass sie immer zu Nachteilen für die Arbeitnehmer/-innen führen können, ohne dass der Betriebsrat hierüber einen Nachweis führen müsste (BAG vom17.08.1982 – 1 ABR 40/80). Es sind dies im Einzelnen:

▶ die Einschränkung und Stilllegung des ganzen Betriebs oder wesentlicher Betriebsteile (§ 111 Nr. 1 BetrVG)

▶ die Verlegung des ganzen Betriebs oder wesentlicher Betriebsteile (§ 111 Nr. 2 BetrVG)

▶ der Zusammenschluss mit anderen Betrieben oder die Spaltung von Betrieben (§ 111 Nr. 3 BetrVG)

▶ die grundlegende Änderung der Betriebsorganisation, des Betriebszwecks und der Betriebsanlagen (§ 111 Nr. 4 BetrVG)

▶ die Einführung grundlegend neuer Arbeitsmethoden und Fertigungsverfahren (§ 111 Nr. 5 BetrVG).

172 Maßstab für die Bewertung einer Veränderung ist zunächst einmal der Betrieb. Ob also ein Betriebsteil „wesentlich" im Sinne der ersten Definition einer Betriebsänderung ist, muss anhand der Größe des Betriebs, nicht der des Unternehmens festgestellt werden.

Beispiel

173 ▶ Ein Einzelhandelsunternehmen mit bundesweit 2.500 Beschäftigten beabsichtigt, eine von drei Filialen in einer süddeutschen Kleinstadt zu schließen, die gemeinsam einen Betrieb bilden. Betroffen davon sind 20 von 50 der dort tätigen Arbeitnehmer/-innen. Im Verhältnis zur Gesamtzahl der Beschäftigten ist diese Zahl verschwindend gering, bezogen auf den Standort macht es den Verlust von fast der Hälfte der Arbeitsplätze aus. Der Betriebsteil ist damit wesentlich.

174 Von dieser Betrachtung gibt es nur dann eine Ausnahme, wenn die Betriebsänderung das gesamte Unternehmen erfasst, also etwa im Rahmen einer großen Umstrukturierung sämtliche Buchhaltungstätigkeiten an allen Standorten fremdvergeben werden sollen. Dann ist die Zahl der Beschäftigten des Unternehmens der Maßstab.

175 Als Betrieb gilt dabei immer die Einheit, für die der Betriebsrat gewählt worden ist – egal, ob sie auch nach dem Wortlaut des BetrVG als Betrieb anzusehen ist oder nicht (BAG vom 19.01.1999 – 1 AZR 342/98). Das erleichtert die Arbeit zwar einerseits, weil damit zweifelsfrei feststeht, was als Betrieb zu gelten hat – andererseits kann es aber auch zur Einschränkung

von Mitbestimmungsmöglichkeiten führen, wenn bei der Wahl der Betrieb künstlich vergrößert wurde, um größere Gremien zu erreichen. Damit wächst nämlich auch der Bezugsrahmen, und Betriebsteile überschreiten die Schwelle zur Wesentlichkeit sehr viel später. Wären im obigen Beispiel nicht die drei Filialen am Ort, sondern die 50 in der Region mit insgesamt 800 Beschäftigten zum Wahlbetrieb gemacht worden, wäre das Verhältnis nicht 20 betroffene Arbeitnehmer/-innen zu 50 insgesamt, sondern 20 zu 800 – eine kaum noch relevante Zahl, die jedenfalls den Anspruch auf Abschluss eines Sozialplans ausschließt.

2.1.1 Einschränkung und Stilllegung des ganzen Betriebs oder wesentlicher Betriebsteile

176   Unter den Oberbegriff der Betriebseinschränkung oder Einschränkung wesentlicher Betriebsteile fallen vor allem Personalreduzierungen. Da jedoch jede Entlassung, für die keine Neueinstellung vorgenommen wird, rein zahlenmäßig eine Betriebseinschränkung wäre, geht es hier um jene Reduzierungen, die eine erhebliche, ungewöhnliche und nicht nur vorübergehende Herabsetzung der Leistungsfähigkeit des Betriebs zur Folge haben. Dies kann sowohl durch den Abbau von Betriebsanlagen als auch durch Entlassungen erfolgen (BAG vom 22.05.1979 – 1 AZR 848/76). Zu den Entlassungen vgl. Rz. 191 ff.

2.1.2 Verlegung des ganzen Betriebs oder wesentlicher Betriebsteile

177   Es lässt sich darüber streiten, ab welcher räumlichen Entfernung eine Standortveränderung eine Verlegung des Betriebs ist. Das BAG hat in einem Fall 4,3 Kilometer als ausreichend angesehen (BAG vom 17.08.1982 – 1 ABR 40/80). Eine verlässliche Entfernungsangabe wird es kaum geben. Für den Betriebsrat kommt es daher im Zweifelsfall eher darauf an, die zu erwartenden Nachteile zu ermitteln und zu begründen, warum im konkreten Fall auch eine Verlegung über eine relativ kurze Distanz eine Betriebsänderung ist.

2.1.3 Zusammenschluss mit anderen Betrieben oder Spaltung von Betrieben

178   Sowohl beim Zusammenschluss als auch bei der Spaltung von Betrieben geht es um die Änderung der organisatorischen Selbstständigkeit. Beim Zusammenschluss verliert, bei der Spaltung erhält mindestens ein Betrieb diese Selbstständigkeit. Dabei ist es völlig unerheblich, ob die Betriebe zu einem oder mehreren Unternehmen gehören. Auch ist es nicht erforderlich, dass die entstehenden Teile eine besondere Bedeutung oder Größe haben (BAG vom 18.03.2008 – 1 ABR 77/06). Die Rechte des Betriebsrats auf Verhandlung und Abschluss von Interessenausgleich und Sozialplan erstrecken sich sowohl auf den Betrieb, der durch diesen Vorgang in seiner Stellung und Selbstständigkeit beeinträchtigt wird, als auch auf die neu entstehenden Betriebe (BAG vom 16.06.1987 – 1 ABR 41/85). Dasselbe gilt für das Übergangsmandat gem. § 21a BetrVG: Auch das entsteht mit Wirkung für alle neu entstehenden Betriebe und endet damit auch in allen Betrieben nach sechs Monaten – selbst dann, wenn einer davon als „Hauptbetrieb" gilt.

179   In diesem Zusammenhang ist wichtig, zwischen der Spaltung bzw. dem Zusammenschluss von Betrieben und denselben Vorgängen im Unternehmen zu unterscheiden. Letztere zählen nicht zu den Betriebsänderungen. Wird also eine bislang einheitliche Gesellschaft in eine GmbH und eine KG aufgespalten, ohne dass sich dadurch etwas an der betrieblichen Situation verändert, löst dies für sich genommen keine Mitbestimmungsrechte aus, auch wenn hierdurch die Haftungsmasse reduziert wird (BAG vom 10.12.1996 – 1 ABR 32/96).

2.1.4 Grundlegende Änderung der Betriebsorganisation, des Betriebszwecks und der Betriebsanlagen

180   Unter Betriebsanlagen versteht die Rechtsprechung neben Anlagen, die Produktionszwecken dienen, alle Gegenstände, die nicht zur Veräußerung bestimmt sind. Dies können auch Einrichtungen des Rechnungswesens oder der eigene Fuhrpark sein. Es kommt darauf an, dass die Anlagen für den Betrieb von wesentlicher Bedeutung sind (BAG vom 26.10.1982 – 1 ABR 11/81). Diese Wertung ist zunächst danach vorzunehmen, welche Rolle die jeweilige Anlage bei der Verwirklichung des arbeitstechnischen Zwecks spielt. Erst wenn dadurch kein eindeutiges Ergebnis zu erzielen ist, kann auf die Anzahl der Betroffenen zurückgegriffen werden (vgl. Rz. 184 ff.).

181 Von einer grundlegenden Änderung der Betriebsorganisation kann gesprochen werden, wenn eine einschneidende und weitgehende Änderung des Betriebsaufbaus bzw. der Gliederungen des Betriebs und der Zuständigkeiten vorgenommen wird (BAG vom 21.10.1980 – 1 AZR 145/79). Insbesondere sind dies Veränderungen im Rahmen der Einführung neuer Managementtechniken, die zu einer Veränderung der Kompetenzverteilung zwischen Arbeitgeber und Arbeitnehmerinnen/Arbeitnehmern führt.

182 Der Betriebszweck ist das Ziel des betrieblichen Arbeitsprozesses, also das herzustellende Produkt bzw. die anzubietende Dienstleistung. Eine die Mitbestimmung auslösende Veränderung kann sowohl im Wegfall, im Austausch wie auch in der Neuaufnahme eines weiteren Betriebszwecks bestehen. Allerdings muss sie grundlegend sein, wofür eine bloße Ausweitung des Leistungsangebots nicht ausreichend ist (BAG vom 17.12.1985 – 1 ABR 78/83).

2.1.5 Einführung grundlegend neuer Arbeitsmethoden und Fertigungsverfahren

183 Beide Begriffe meinen ähnliche Veränderungen, die meist unter dem Oberbegriff „Rationalisierung" zusammengefasst werden. Dabei bezeichnen die Arbeitsmethoden den Einsatz der menschlichen Arbeitskraft, der z.B. durch die Einführung von Gruppenarbeit in hier interessierender Weise verändert wird. Fertigungsverfahren sind die technischen Gegebenheiten, die etwa durch Einsatz neuer Maschinen Änderungen erfahren können. Die Einführung eines Warenwirtschaftssystems gehört ebenso hierzu wie die der Standardsoftware SAP ERP.

2.1.6 Die Generalklauseln „wesentlich" und „grundlegend"

184 In verschiedenen Tatbeständen wird verlangt, dass die Veränderungen wesentlich oder grundlegend sein müssen. Diese Qualität kann erreicht sein, wenn in einer Anlage 50 % der Gesamtproduktion abgewickelt werden (LAG Hessen vom 27.10.1987 – 4 TaBV 283/86), wenn einer Abteilung ein bestimmter Anteil der Gesamtbelegschaft zugeordnet ist (BAG vom 06.12.1988 – 1 ABR 47/87) oder wenn die Bedeutung einer Abteilung im Gesamtbetrieb hoch ist (BAG vom 19.01.1999 – 1 AZR 342/98).

185 Bei der Feststellung, ob sich die Wesentlichkeit aus der Größe des Betriebsteils ergibt, wendet das BAG ein aus § 17 KSchG abgeleitetes Zah-

lengerüst an. Wesentlich ist danach etwa ein Betriebsteil in einem Unternehmen mit 250 Beschäftigten, wenn dort mehr als 25 Personen arbeiten.

186   Hier die Zahlen im Einzelnen:

Beschäftigtenzahl	Abteilungsgröße
21–59	mindestens 6 Personen
60–499	10 % der Belegschaft oder mindestens 26 Personen
500–599	mindestens 30 Personen
ab 600	5 % der Belegschaft

187   Sobald diese Dimensionen erreicht sind, kann der Betriebsrat ohne Weiteres davon ausgehen, dass eine Stilllegung oder Verlegung dieses Betriebsteils die Mitbestimmungsrechte aus §§ 111, 112 BetrVG auslöst. Ansonsten sind die Kriterien eher unscharf. Das schafft vor allem Spielräume für den Betriebsrat, weil ihm damit mehr Argumente zur Verfügung stehen, um seine Mitbestimmung durchzusetzen. Auf keinen Fall darf er es bei seinen Überlegungen dabei belassen, nur die Größenverhältnisse zu messen und die Arbeit einzustellen, wenn die vom BAG verlangten Zahlen nicht erreicht werden. Auch ist bei diesem Zahlenwerk zu beachten, dass die Werte sich nicht auf Entlassungen beziehen. Gefordert wird lediglich, dass eine entsprechende Zahl von Beschäftigten den jeweiligen Betriebsteilen zuzuordnen ist. Selbst wenn dies nicht der Fall ist, lassen sich häufig Argumente dafür finden, warum eine Abteilung aufgrund ihrer Stellung im gesamten Gefüge des Betriebs wesentlich ist. Die bereits zitierte Entscheidung des Hessischen LAG zeigt dies.

188   Die Änderungen im Produktionsablauf müssen gem. § 111 Nr. 4 und 5 BetrVG grundlegend sein, um als mitbestimmungspflichtige Betriebsänderung anerkannt zu werden. Dies hat das BAG in so unterschiedlichen Fällen wie der Aufhebung einer einheitlichen Betriebsorganisation (BAG vom 16.06.1987 – 1 ABR 41/85), aber auch der Ergänzung von Automatenspielen in einem eigenen Raum in einer Spielbank, die bisher nur herkömmliches Glücksspiel angeboten hat (BAG vom 17.12.1985 – 1 ABR 78/83), bejaht.

189   Die Veränderungen dürfen dabei nicht nur dem üblichen technologischen Fortschritt geschuldet sein, sondern müssen einen regelrechten Entwicklungssprung beinhalten. Alles Weitere ist eine Einzelfallwertung, deren Ausgang vor Gericht völlig offen ist. Gerade deshalb sollten

Betriebsräte in ihrer eigenen Wertung nicht zurückhaltend sein. Verbleiben den Arbeitsgerichten auch nach dieser Einzelfallbetrachtung Zweifel, greifen sie wiederum auf die bereits angeführten Zahlen des § 17 KSchG zurück. Ist ein entsprechender Anteil von Beschäftigten betroffen, ist dies ein Anhaltspunkt dafür, dass die Veränderungen grundlegend sind (BAG vom 26.10.1982 – 1 ABR 11/81).

2.2 Einzelne Veränderungen

190 In der Praxis hat sich gezeigt, dass bestimmte Veränderungen typisch für die heutigen betrieblichen Abläufe sind. Diese werden aber in § 111 BetrVG nicht ausdrücklich benannt. Betriebsräte stehen daher immer wieder vor der Aufgabe, ihre Mitbestimmungsrechte hier einfordern zu müssen, weil die Arbeitgeberseite die maßgeblichen Vorschriften in ihrem Sinne auslegt und deshalb Verhandlungen über Sozialplan und Interessenausgleich verweigert.

2.2.1 Personalabbau

191 Die Veränderung, die in der Belegschaft die meisten Sorgen auslöst, ist der Personalabbau. Das ist auch nicht weiter verwunderlich. Jeder Verlust an Arbeitsplätzen lässt die Zukunftsangst steigen, auch wenn sich alle offiziellen Stellen bemühen, Arbeitslosenzahlen von stabil um die 3 Millionen Menschen in Deutschland zur Vollbeschäftigung umzudeuten und schamhaft verschweigen, dass ebenso viele Bezieher von Arbeitslosengeld II dauerhaft in dieser Armutsfalle stecken (Zahlen der Bundesagentur für Arbeit, SZ vom 29.12.2012).

192 Die Vorschriften der §§ 111–112a BetrVG sind unternehmensbezogen, soweit es um die Feststellung geht, ob überhaupt ein Mitbestimmungsrecht bei der Betriebsänderung besteht. Ansonsten ist auf den Betrieb abzustellen. Infolgedessen ist auch die erste Voraussetzung, um einen Vorgang als Betriebsänderung im Sinne einer Stilllegung eines Betriebs oder wesentlicher Betriebsteile (gem. § 111 Nr. 1 BetrVG) zu qualifizieren, dass die Arbeitsplätze tatsächlich in dem Betrieb – und nicht im Unternehmen, aber auf mehrere Betriebe verteilt – abgebaut werden. So bedeutet die rechtliche Verselbstständigung eines Unternehmensteils – etwa in Form einer eigenen GmbH – zwar auch einen Abbau von Arbeitsplätzen in dem Unternehmen, weil diese ihm dann nicht mehr zugeordnet werden. Bleiben

sie allerdings in der neuen Gesellschaft erhalten, ist dies kein Personalabbau. Es kann sich zwar dennoch um eine Betriebsänderung handeln, dann aber unter anderen Gesichtspunkten, etwa als Spaltung, grundlegende Änderung der Organisationsstruktur oder Änderung des Betriebszwecks.

193 Weiterhin muss der Personalabbau eine bestimmte Dimension erreichen, um für sich genommen als Betriebsänderung Anerkennung zu finden. An diesen sogenannten „reinen" Personalabbau, der keine weiteren Veränderungen im Betrieb außer der Reduzierung der Belegschaft beinhaltet, legt die Rechtsprechung als Messlatte die bereits oben wiedergegebenen Zahlen des § 17 KSchG an (vgl. Rz. 186). Sobald diese erreicht sind, ist ein reiner Personalabbau eine Betriebsänderung im Sinne des § 111 BetrVG.

194 In diesem Zusammenhang entsteht häufig Verwirrung, weil in § 112a BetrVG andere Zahlen genannt werden. Diese sind aber kein Maßstab für das Vorliegen einer Betriebsänderung, sondern lediglich die Schwelle zur Erzwingbarkeit des Sozialplans. Die Verpflichtung zur Verhandlung von Sozialplan und Interessenausgleich und Zahlung eines Nachteilsausgleichs bei Verstoß dagegen besteht daher auch dann, wenn die Betriebsänderung in der Form des „reinen Personalabbaus" nicht die Schwellenwerte des § 112a BetrVG erreicht. Für alle anderen Formen der Betriebsänderung ist der Zahlenkatalog in dieser Vorschrift ohnehin nicht relevant.

195 Probleme bereitet in der Praxis vor allem die Festlegung eines Zeitraums, innerhalb dessen der Personalabbau stattfinden muss, um eine Betriebsänderung zu sein. Arbeitgeber, die nach und nach die Belegschaft verkleinern, ohne offen zu sagen, eine Verringerung der Personalstärke um einen bestimmten Anteil zum Ziel zu haben, bringen den Betriebsrat in arge Beweisnöte. Die Rechtsprechung verlangt bei einem solchen sukzessiven oder stufenweisen Personalabbau, dass die Entlassungen aufgrund desselben Planungssachverhalts erfolgen (LAG Düsseldorf vom 14.05.1986 – 6 TaBV 18/86). Andernfalls wird jede Abbaumaßnahme separat betrachtet und erfüllt nur dann den Tatbestand der Betriebsänderung, wenn sie für sich gesehen die Zahlengrenzen überschreitet (BAG vom 06.06.1978 – 1 AZR 495/75).

196 Nach einer Entscheidung des BAG können allerdings die vor einem Beschluss des Arbeitgebers zur Stilllegung eines Betriebs vorgenommenen Entlassungen dann bei der Feststellung der Zahl der regelmäßig Beschäftigten mitgezählt werden, wenn diese nicht zu einer Stabilisierung der Betriebsgröße auf einem geringeren Niveau geführt haben (BAG vom 09.05.1995 – 1 ABR 51/94).

197   Eine weitere Möglichkeit der Verschleierung von Personalabbaumaßnahmen besteht in der Nutzung anderer Beendigungsformen, also vor allem der betrieblich veranlassten Aufhebungsverträge und der Eigenkündigungen. Diese müssen zwar bei der Feststellung des Umfangs der Maßnahme mitgezählt werden, wie § 112a Abs. 1 BetrVG belegt. Allerdings erfährt der Betriebsrat in vielen Fällen hiervon nichts, weil für derartige Vertragsauflösungen keine Anhörung gem. § 102 BetrVG vorgesehen ist. Er sollte daher vor einem Tätigwerden den Arbeitgeber auffordern, ihm die Zahlen der Aufhebungsverträge und Eigenkündigungen zumindest der vorangegangenen zwölf Monate zu nennen. Darunter müssen auch diejenigen Vertragsbeendigungen sein, die erst nach der Anfrage wirksam werden, etwa weil die Kündigungsfristen entsprechend lang sind.

198   Praktisch nicht mehr zu berücksichtigen sind solche Kündigungen seitens des Arbeitgebers, die dieser zwar auch vermehrt im Rahmen einer Betriebsänderung ausspricht, die aber verhaltens- und personenbedingt begründet werden. Diese sieht die Rechtsprechung ebenso wenig als relevant für die Betriebsänderung an wie das Auslaufen befristeter Arbeitsverträge (BAG vom 02.08.1983 – 1 AZR 516/81).

199   Da aber niemand vorhersehen kann, ob im Einzelfall ein Arbeitsgericht dem Betriebsrat mit seinem Anliegen, bei derartig „verschleierten" Personalabbaumaßnahmen über Interessenausgleich und Sozialplan zu verhandeln, Recht geben wird, sollte dieser auch nicht zu pessimistisch hinsichtlich seiner rechtlichen Möglichkeiten sein. Besser ist es in dieser Situation allemal, eine Niederlage vor dem Arbeitsgericht einzustecken, als die Chancen auf den Erfolg durch Passivität aus der Hand zu geben.

200   Die Aussichten in einem Arbeitsgerichtsprozess sind auch immer davon abhängig, ob die entscheidenden Richter/-innen die äußerlich sichtbaren Abläufe so bewerten, dass sie hieraus den Schluss ziehen, eine Betriebsänderung liege zumindest nahe. Dann braucht nicht der Betriebsrat nachzuweisen, dass der Arbeitgeber bei seinen Maßnahmen eine Betriebsänderung verwirklicht hat, sondern dieser muss sich von dem Verdacht entlasten. Hier gibt es weite Spielräume für die Arbeitsgerichte, die Betriebsräte nutzen sollten.

2.2.2 Abspaltung, Outsourcing

201   Die Zergliederung bestehender Betriebe und Verteilung der Bestandteile in einzelne, rechtlich selbstständige Gesellschaften ist eine der am häufigsten

auftretenden Formen der Betriebsänderung. Die Unternehmen versprechen sich hierdurch neben steuerlichen Vorteilen vor allem eine klarere Struktur und bessere Transparenz der Vorgänge. Die einzelnen Bereiche sollen untereinander als Kunden unter Konkurrenzdruck zusammenarbeiten. Manchmal sind auch Tarifflucht und die Verschlechterung der Mitbestimmungsstrukturen Motive für solche Veränderungen.

202 Die Betriebsspaltung ist gem. § 111 Nr. 3 BetrVG immer eine Betriebsänderung. Dabei ist zu beachten, dass es nur um die Spaltung der Betriebe, nicht des Unternehmens geht. Wird lediglich die Gesellschaft so verändert, dass die gesamten Immobilien und die Produktionsmaschinen in eine Verwaltungs-GmbH übertragen werden, die diese dann an eine neu entstandene Produktions-KG verpachtet, bei der die Arbeitnehmer/-innen verbleiben, so handelt es sich hierbei nicht ohne Weiteres um eine Betriebsänderung, auch wenn hierdurch die Interessen der Beschäftigten elementar gefährdet werden (vgl. BAG vom 17.02.1981 – 1 ABR 101/78).

203 Viele dieser Abspaltungsprozesse werden unter dem Begriff „Outsourcing" in der Öffentlichkeit gehandelt. Als dritte Form neben der Betriebs- und der Unternehmensspaltung tritt hier noch die einfache Fremdvergabe hinzu, also die Einstellung der eigenen Tätigkeit in einem Teilbereich und Ankauf dieser Leistung bei Dritten. Dies kann sowohl unter dem Aspekt der Stilllegung von Betriebsteilen wie auch der grundlegenden Änderung von Betriebszweck, -organisation oder -anlagen oder sogar Änderung des Fertigungsverfahrens eine Betriebsänderung sein.

204 Der bloße Umstand, dass es sich bei der aufgegebenen Eigenfertigung um ein notwendiges Vorprodukt handelt, macht den entsprechenden Betriebsteil allerdings noch nicht zu einem wesentlichen im Sinne des § 111 Nr. 1 BetrVG (BAG vom 07.08.1990 – 1 AZR 445/89).

2.2.3 Betriebsübergang

205 Betriebsräte, die anlässlich eines bevorstehenden Verkaufs des Betriebs mit dem Anliegen an den Arbeitgeber herantreten, über Sozialplan und Interessenausgleich zu verhandeln, werden regelmäßig mit einer Entscheidung des BAG aus dem Jahr 1979 konfrontiert, wonach der *„Übergang eines Betriebs durch Rechtsgeschäfte auf einen anderen Inhaber (...) für sich allein genommen keine Betriebsänderung im Sinne von § 111 BetrVG"* ist (BAG vom 04.12.1979 – 1 AZR 843/76).

206 Es bestehen kaum Aussichten, dass die Gerichte von dieser Rechtsprechung trotz der hieran geübten Kritik wieder abrücken. Deshalb

sollten Betriebsräte auch nicht allzu viel Kraft darauf verwenden, den Arbeitgeber oder auch die lokalen Arbeitsgerichte hier eines Besseren zu belehren. Stattdessen muss das Augenmerk auf die sonstigen mit dem Betriebsübergang einhergehenden Veränderungen gelegt werden. Deshalb spricht die Entscheidung des BAG auch vom Betriebsübergang „für sich allein".

207   Nur selten wird ein neuer Inhaber eines Betriebs diesen in derselben Form weiterführen wollen wie der bisherige. Möglicherweise soll er in einen Konzern eingegliedert werden: Dann müssen neue Hierarchien und Organisationsformen gebildet werden. Vielleicht wird der Betrieb auch mit anderen zusammengefasst, was für sich genommen eine Betriebsänderung ist. Soll nur ein Teil des Betriebs an einen neuen Inhaber übergeben und organisatorisch verselbstständigt werden, so handelt es sich um eine im Ursprungsbetrieb durchgeführte Spaltung und damit ebenfalls um eine Betriebsänderung gem. § 111 Nr. 3 BetrVG. Denkbar ist auch, dass der Verkauf eine Maßnahme war, um den Betrieb zu retten. Dann sind Rationalisierungen praktisch unvermeidbar, weil der Inhaberwechsel allein keine Verbesserung bedeutet.

208   Der Betriebsübergang ist also häufig nur Teil eines Maßnahmenkatalogs zur Umstrukturierung des Betriebs. Die übrigen Vorgänge können ohne Weiteres Betriebsänderungen im Sinne des § 111 BetrVG sein – gleich, ob sie vor oder nach dem Verkauf umgesetzt werden. Die Rechte des Betriebsrats aus § 111 und § 112 BetrVG bestehen dann ungeachtet der Tatsache, dass auch ein Betriebsübergang passiert (BAG vom 25.01.2000 – 1 ABR 1/99). Auf die Beobachtung dieser anderen Maßnahmen und die Abschätzung von deren Folgen sollte der Betriebsrat sich vorwiegend konzentrieren, wenn ein Betriebsübergang ansteht. Der kann nämlich durchaus mit einer Betriebsänderung verbunden sein.

2.2.4 Modellwechsel/Neue Maschinen

209   Erhebliche Veränderungen vollziehen sich etwa in der Automobilindustrie, wenn mit einem Modellwechsel neue Werkzeugmaschinen, Montagestraßen usw. errichtet werden. Dies lässt sich ohne Probleme unter das Merkmal „grundlegende Änderung der Betriebsanlagen" in § 111 Nr. 4 BetrVG fassen. Sofern diese Veränderungen nicht lediglich den üblichen Produktivitätsfortschritt repräsentieren, sind die Rechte nach §§ 111 und 112 BetrVG gegeben. In der Praxis wird diese Möglichkeit allerdings kaum genutzt, weil sich Modellwechsel zunächst eher als beschäftigungsfördernd darstellen.

3 Wann sollte der Betriebsrat tätig werden?

210 Ob und wann der Betriebsrat bei einer sich anbahnenden Betriebsänderung tätig wird, hängt nicht nur von den bislang beschriebenen gesetzlichen Gegebenheiten ab. In der Praxis überwiegt der Eindruck, dass Betriebsräte eher zu selten als zu häufig an die sich aus den §§ 111–112a BetrVG ergebenden Möglichkeiten denken. Auf der anderen Seite sollte gerade beim Interessenausgleich auch immer die Frage aufgeworfen werden, ob die Ziele nicht mit viel stärkeren, teilweise erzwingbaren Mitbestimmungsrechten besser verfolgt werden können. So ist etwa der gesamte Komplex der Fortbildungsmaßnahmen, die die Veränderung der Arbeitsorganisation begleiten, umfassend in den §§ 96–98 BetrVG geregelt. Bevor diese Möglichkeiten nicht ausgeschöpft sind, sollten diesbezüglich keine Zugeständnisse in einem Interessenausgleich gemacht werden.

211 Entschließt sich der Betriebsrat, den Weg in Richtung Interessenausgleich und Sozialplan zu beschreiten, so muss er sich vor allem davor hüten, einseitig nur die Entlassungen als Folge der Betriebsänderung in die Planung einzubeziehen. Er läuft damit Gefahr, mit dem Arbeitgeber ausschließlich über Zahlen zu diskutieren, ohne zu berücksichtigen, dass auch noch andere Veränderungen die Betriebsänderung begründen können. Auf der anderen Seite verschließt er sich so aber auch den Blick auf andere Nachteile, die die Betriebsänderung für die Beschäftigten mit sich bringen kann. Erst wenn diese gründlich analysiert sind, ist er auch in der Lage, einen auf die wirklich entstehenden Probleme zugeschnittenen Interessenausgleich anzustreben sowie einen die verbleibenden Nachteile abmildernden Sozialplan zu vereinbaren.

4 Durchsetzung des Informationsanspruchs

212 Der Betriebsrat, der als kompetenter Verhandlungspartner bei den Gesprächen über Interessenausgleich und Sozialplan agieren und anerkannt sein will, benötigt vor allem umfassende Informationen über den Zustand des Unternehmens, die Planungen des Arbeitgebers usw. Welche Daten er hier im Einzelnen abfragen sollte, haben wir in diesem Kapitel aufgelistet.

213 Neben vielen anderen Vorschriften bestimmt auch § 111 BetrVG für den Fall der Betriebsänderung, dass der Betriebsrat einen Anspruch auf rechtzeitige und umfassende Unterrichtung über die geplanten Maßnahmen hat. Hier allerdings entstehen in der Praxis die größten Probleme: Arbeitgeber unterlaufen immer wieder – ob gezielt oder aus Unkenntnis und Ignoranz, sei dahingestellt – diese Rechte des Betriebsrats und entziehen seinem Handeln damit die Basis. Die Varianten dieser Desinformationsstrategie reichen von der vollständigen Verweigerung bis hin zur völligen Überschüttung der Interessenvertretung mit Unterlagen, Bilanzen, Strategiepapieren, Memos etc.

214 Das erste Problem für Betriebsräte ist also bei anstehenden Betriebsänderungen, an die für sie wesentlichen Informationen heranzukommen. Es ist wenig sinnvoll, darauf zu vertrauen, der Arbeitgeber werde seiner Verpflichtung zur umfassenden Unterrichtung ohne Weiteres genügen. Dies ist schon deshalb unrealistisch, weil der im Regelfall gar nicht wissen kann, welche Angaben der Betriebsrat für seine Arbeit benötigt.

215 Daher sollte der Betriebsrat von sich aus, möglichst mit Unterstützung durch die Gewerkschaft oder Sachverständige, festlegen, welche Informationen und Unterlagen er vom Arbeitgeber erwartet. Hierbei lohnt sich der frühzeitige Hinweis darauf, dass die Erfüllung einer solchen ersten Anforderung keineswegs alle Informationsbedürfnisse abschließend befriedigt. Der Arbeitgeber bleibt während der gesamten Verhandlungen jederzeit zum Nachschieben von Informationen verpflichtet, wenn der Betriebsrat solche einfordert und diese für die Wahrnehmung seiner Aufgaben, also vor allem für die Verhandlung von Sozialplan und Interessenausgleich, wichtig sind. Es gibt keine Ausschlussfristen, die dem Betriebsrat den Weg zu weiteren Informationen abschneiden könnten, wenn der Arbeitgeber die ersten Fragen beantwortet hat.

4.1 Fragenkatalog

216   Einen Fragenkatalog sollte der Betriebsrat unbedingt erstellen. Er dient dazu, sich darüber klar zu werden, ob die Anforderungen an den Arbeitgeber so präzise sind, dass dieser einerseits in die Lage versetzt wird, hierauf zu antworten, andererseits aber auch der Betriebsrat kontrollieren kann, ob diese Antworten wirklich sachbezogen sind oder nur die wahren Vorgänge verschleiern.

217   Die schriftliche Fixierung der eigenen Anforderungen in Form eines Katalogs ermöglicht es auch, ein späteres arbeitsgerichtliches Verfahren zu führen, um die Antworten zu erzwingen. Arbeitsgerichte benötigen dies für ihre Entscheidung deshalb, weil sie immer darauf achten müssen, ob der Beschluss später auch zwangsweise durchsetzbar ist. Dies ist dann ausgeschlossen, wenn die Fragestellung selbst bereits weitschweifige und ausweichende Antworten zulässt.

Beispiel

218   ▶ Lautet die Forderung an den Arbeitgeber, die Planziele und deren bisherige Erfüllung bezüglich eines Produkts vorzulegen, dann ergibt sich hieraus praktisch schon die Form, die die Information haben wird: Sie muss eine Gegenüberstellung von Zahlen enthalten. Dies kann auch ein Außenstehender ohne Weiteres feststellen.

Gegen diese Anforderung kann der Arbeitgeber allenfalls vorbringen, er besitze keine entsprechenden Daten. Lässt er sich hierzu herab, kann der Betriebsrat tatsächlich nichts mehr machen. Andernfalls kann sich der Arbeitgeber seiner Informationsverpflichtung nur noch durch bewusste Weitergabe falscher Zahlen entziehen, womit er sich aber nach § 119 BetrVG strafbar macht, weil darin eine Behinderung der Arbeit des Betriebsrats liegt.

Verlangt dagegen der Betriebsrat, der denselben Sachverhalt erforschen will, der Arbeitgeber möge die Entwicklung des Produkts am Markt mitteilen, dann können dies dieselben Zahlen sein wie bei der ersten Fragestellung. Der Arbeitgeber erfüllt diese Verpflichtung aber auch durch Erzählungen, die in allgemeiner Form – beschönigend oder dramatisierend, je nach Bedarf – die Geschichte des Produkts aufzeigen. Einer gerichtlichen Auflage, die so formuliert ist, wäre er damit gleichfalls nachgekommen, der Betriebsrat hätte allerdings keine Erkenntnisse gewonnen.

219 Die Gefahr, dem Arbeitgeber solche Ausweichmöglichkeiten zu eröffnen, wird durch die Aufstellung eines Fragenkatalogs verringert, anhand dessen im Gremium und mit Hilfe externer Berater/-innen die Exaktheit der Fragestellungen überprüft werden kann. Niemals sollte vom Arbeitgeber die Beantwortung von Rechtsfragen eingefordert werden. Eine Rechtsfrage ist z.B., ob eine bestimmte Maßnahme eine Betriebsänderung im Sinne des BetrVG ist. Wie er dies sehen will, entscheidet der Betriebsrat in eigener Kompetenz. Wird er sich mit dem Arbeitgeber hierüber nicht einig, müssen Arbeitsgericht und Einigungsstelle hinzugezogen werden. Die Rechtsansicht des Arbeitgebers hierzu ist interessengebunden und daher für den Betriebsrat bedeutungslos.

4.2 Bewertung der Informationen

220 Die Beschaffung der notwendigen Informationen ist allerdings erst die halbe Arbeit. Sind sie vorhanden, bereitet die Auswertung mindestens ebenso viel Mühe. Betriebsräte sind in den seltensten Fällen von ihrer Ausbildung her in der Lage, die Plausibilität der Planungen des Arbeitgebers anhand von dessen Unterlagen kritisch zu überprüfen. Häufig stellen sie im Gegenteil fest, dass diese sehr wohl einleuchtend erscheinen.

221 Allerdings wäre der Anspruch, allein aus den vorzulegenden Daten bereits Alternativen zu entwickeln, auch verfehlt: Zum einen kann der Betriebsrat sich hierzu der Hilfe von Sachverständigen bedienen, die in diesen Fragen versiert sind. Zum anderen werden sich die Gegenvorstellungen viel eher aus dem angestammten Feld der Betriebsräte, nämlich den Interessen der Beschäftigten, entwickeln lassen. Gerade darin sollte ja das erste Anliegen der Interessenvertretung bestehen: nicht unbedingt auf wirtschaftlichem Gebiet klüger sein zu wollen als der Arbeitgeber, sondern dessen Planungen in Einklang mit den Interessen der Arbeitnehmer zu bringen. Deshalb heißt die anzustrebende Vereinbarung schließlich „Interessenausgleich".

222 Damit soll nicht der Passivität des Betriebsrats auf wirtschaftlichem Gebiet das Wort geredet werden. Selbstverständlich ist es zwingend notwendig, die ausformulierten Interessen auch auf ihre ökonomische Realisierbarkeit hin zu überprüfen. Dennoch muss man die eigenen Ziele auch strategisch zugespitzt formulieren; sonst drohen sie im Verhandlungsmarathon unterzugehen. Dies mag u.a. daran liegen, dass Sozialpläne und Interessenausgleiche vor allem bei bevorstehendem Personalabbau zu

verhandeln sind und hier die Interessen der Arbeitnehmer/-innen recht klar zu sein scheinen: der Erhalt der Arbeitsplätze. Dies hat allerdings meist zu Lösungen geführt, die an den bestehenden Arbeitsplätzen wenig änderten und allenfalls dem Arbeitgeber Zugeständnisse bei der Zahl der Entlassungen abtrotzten. Alternativen wie etwa langfristige Freistellungen zur Qualifizierung oder auch vermehrte Schaffung von Teilzeitstellen sind recht unterentwickelt geblieben. Solchen Möglichkeiten sollten Betriebsräte in Zukunft mehr Beachtung schenken und die Akzeptanz dieser Lösungen in der Belegschaft auch gezielt fördern.

4.3 Informationsquellen

223   Woher der Betriebsrat seine Informationen bezieht, ist gesetzlich nicht geregelt. § 111 BetrVG wie auch die anderen Vorschriften, die sich mit den Unterrichtungsrechten befassen, bestimmen zwar, dass der Arbeitgeber den Betriebsrat unterrichten muss. Damit ist jedoch nicht gesagt, dass dem Betriebsrat andere betriebliche Quellen verschlossen wären (BAG vom 13.06.1989 – 1 ABR 4/88).

224   Dazu zählen insbesondere die von der Betriebsänderung betroffenen Arbeitnehmer/-innen. Zwar ist es auch bezüglich der hierdurch entstehenden wirtschaftlichen Nachteile der Arbeitgeber, der den Betriebsrat informieren muss. Dieser benötigt die Angaben, um zu ermitteln, welchen Ausgleich er im Sozialplan wofür schaffen muss. Es wäre jedoch geradezu leichtfertig, sich allein auf die Angaben des Arbeitgebers in diesem Punkt zu verlassen. Er hat ein elementares Interesse daran, sie eher zu verniedlichen als sie realistisch darzustellen, weil damit unmittelbar finanzielle Auswirkungen für ihn verbunden sind.

225   Besorgen kann der Betriebsrat sich die Informationen von den Beschäftigten sowohl im Rahmen von Sprechstunden und Einzelberatungen, die zur Ermittlung des Verhandlungsbedarfs beim Sozialplan abgehalten werden können, als auch durch Fragebogenaktionen oder im Rahmen von Betriebsbegehungen. Der Arbeitgeber hat keine Handhabe, solche Maßnahmen zu unterbinden, weil sie für die Erfüllung der Aufgaben des Betriebsrats im Rahmen der Betriebsänderung erforderlich sind.

226   Er darf auch keine Beschränkung für den Betriebsrat dahin gehend einführen, dass nur von ihm bestimmte Personen als Ansprechpartner zur Verfügung stehen. Es ist dem Arbeitgeber zwar unbenommen, seine eigenen Informationswege zu organisieren und dabei auch festzulegen, wer

in seinem Namen mit dem Betriebsrat sprechen, ihn informieren oder auch verbindliche Festlegungen treffen darf. Das hindert jedoch keinen Beschäftigten daran, auch selber mit dem Betriebsrat in Kontakt zu treten, ihn über seinen Kenntnisstand über die betrieblichen Abläufe zu unterrichten oder ihn auf andere Weise zu unterstützen. Diese Kanäle kann der Betriebsrat auch für den Arbeitgeber sichtbar öffnen, indem er verlangt, von ihm benannte Betriebsangehörige als Auskunftspersonen gem. § 80 Abs. 2 BetrVG zu befragen. Deren Bestellung darf der Arbeitgeber nur in wenigen, eher theoretischen Fällen verweigern, und die Auskunftspersonen selber sind zur wahrheitsgemäßen Beantwortung der Fragen des Betriebsrats verpflichtet. Auf diesem Wege lassen sich auch Zugänge zu sonst streng gehütetem Geheimwissen von Controllern usw. erschließen. Das ist allerdings nur dann nötig, wenn der Betriebsrat nicht sowieso schon derartige Verbindungen hat. Keiner kann ihn hindern, diese auch zu nutzen.

227 Allerdings muss er darauf achten, dass niemand erfährt, wer Ausgangspunkt solcher „Indiskretionen" war. Andernfalls gefährdet er nicht nur diese Personen, sondern verschließt sich auch für die Zukunft entsprechende Quellen.

228 Eine weitere wichtige Informationsquelle, die in der Praxis nur unzureichend genutzt wird, sind die Vertreter/-innen der Beschäftigten in den Aufsichtsräten mitbestimmter Unternehmen. Hier sollte massiv Unterstützung eingefordert werden, weil dort letzten Endes oft auch die rechtlich maßgeblichen Entscheidungen getroffen werden. Zwischen diesen Arbeitnehmervertretern und dem Betriebsrat sollte in allen Fragen ein Verhältnis völliger Offenheit existieren. Weder rechtlich noch politisch ist es angebracht, die Aufsichtsratsmitglieder quasi als Teil der Unternehmensleitung anzusehen, deren verheimlichte Strategien dem Betriebsrat nicht zu Ohren kommen dürfen.

4.4 Geschäftsgeheimnisse und Datenschutz

229 Ein beliebtes Spiel auf Arbeitgeberseite ist es, dem Betriebsrat Informationen mit Hinweis auf deren Geheimhaltungsbedürftigkeit oder gar aus datenschutzrechtlichen Gründen vorzuenthalten. Beide Argumente sind jedoch gegenüber dem Betriebsrat völlig irrelevant.

230 Das Bundesdatenschutzgesetz schützt personenbezogene Daten u.a. vor der Weitergabe an Dritte. Der Betriebsrat ist jedoch im betrieblichen Rahmen kein solcher Dritter im Sinne des Gesetzes, sondern selber Teil der

Daten erhebenden Stelle „Betrieb" (BAG vom 05.02.1991 – 1 ABR 24/90; Fitting, § 80 Rz. 58 ff.). Das heißt allerdings wiederum nicht, dass der Betriebsrat einen schrankenlosen Zugriff auf alle Daten hätte, die beim Arbeitgeber über die Beschäftigten vorhanden sind.

231   Nach § 80 Abs. 2 BetrVG hat der Betriebsrat nur ein Einsichtsrecht in die Bruttolohn- und -gehaltslisten, die Nettobeträge sind seinem Zugriff entzogen. Entsprechendes gilt für den Inhalt der Personalakten: Hier muss die/der Betroffene selber gem. § 83 BetrVG den Betriebsrat hinzuziehen wollen, damit dieser dort Einsicht nehmen darf. Damit sind aber bereits die dem Betriebsrat unzugänglichen Informationen abschließend aufgezählt. Alle anderen muss er bekommen, wenn es zur Erfüllung seiner Aufgaben erforderlich ist.

232   Gleichzeitig ergibt sich aus diesen betriebsverfassungsrechtlichen Grenzen auch die Notwendigkeit, selber mit den Betroffenen über die zu erwartenden Nachteile zu sprechen: Der Arbeitgeber darf ihm – auch wenn er dies weiß – z.B. nicht sagen, welche Arbeitnehmer/-innen im Betrieb pflegebedürftige Angehörige haben und deshalb den Wechsel an einen anderen Arbeitsort nicht mitmachen können. Genau solche im Privatleben angesiedelten und damit nicht betriebsöffentlichen Umstände müssen aber im Sozialplan berücksichtigt werden, wenn entschieden wird, welche Ersatzarbeitsplätze als zumutbar gelten sollen (vgl. Rz. 301 ff.). Die einzige Quelle, aus der derartige Probleme zu erfahren sind, sind die Betroffenen selbst.

233   Auch Betriebs- und Geschäftsgeheimnisse geben dem Arbeitgeber nicht das Recht, die Unterrichtung des Betriebsrats zu verweigern. Ein solcher Hinderungsgrund kann nur dem Wirtschaftsausschuss im Fall der Gefährdung dieser Geheimnisse bei einem Auskunftsbegehren entgegengehalten werden. So sieht es § 106 Abs. 2 BetrVG vor. Macht der Arbeitgeber von dieser Möglichkeit Gebrauch, kann der Betriebsrat die Einigungsstelle zur Entscheidung darüber anrufen, ob diese Zurückhaltung berechtigt ist. In den meisten Fällen wird sich herausstellen, dass es nicht wirklich um Geschäftsgeheimnisse geht bzw. der Unternehmer eine Gefährdung dieser Geheimnisse nicht plausibel begründen kann.

234   Betriebs- und Geschäftsgeheimnisse sind nämlich nicht alle Informationen, die der Arbeitgeber als solche bezeichnet, sondern nur solche, die wirklich geheimhaltungsbedürftig sind, weil hieran ein berechtigtes wirtschaftliches Interesse besteht (BAG vom 26.02.1987 – 6 ABR 46/84). Dieses Interesse ist regelmäßig immer nach außen, also auf eventuelle Konkurrenten gerichtet. Ein wirtschaftliches Interesse, das es verhindert, den

Wirtschaftsausschuss zu unterrichten, ist bei anstehenden Betriebsänderungen kaum denkbar. Nicht einmal, wenn der Betriebsrat aus diesem
Wissen für seine Verhandlungsposition günstige Schlüsse ziehen kann, ist
das Informationsrecht eingeschränkt (BAG vom 11.07.2000 – 1 ABR 43/99).

235   Während der Arbeitgeber sich also gegenüber dem Wirtschaftsausschuss in wenigen Fällen auf Geschäftsgeheimnisse berufen und die
Unterrichtung deshalb verweigern kann, beeinträchtigt dieses Argument die
Rechte des Betriebsrats nicht, wenn er die Informationen für die Erfüllung
seiner Aufgaben benötigt. Die Rechte des Betriebsrats sind insofern gegenüber denen des Wirtschaftsausschusses umfassender, setzen allerdings
auch erst später ein: Der Betriebsrat muss erst unterrichtet werden, wenn er
im Rahmen seiner Mitbestimmung tätig wird und die Informationen hierfür
benötigt, der Wirtschaftsausschuss dagegen schon vorher, ohne einen solchen konkreten Anlass.

4.5 Art und Weise der Unterrichtung

236   Der Betriebsrat hat Anspruch auf alle für die Betriebsänderung maßgeblichen
Daten, weil er andernfalls nicht differenziert im Rahmen eines Interessen-
ausgleichs Stellung nehmen kann (LAG Hamm vom 05.03.1986 – 12 TaBV
164/85). Durch wen der Betriebsrat seitens des Arbeitgebers informiert wird,
ist dabei ebenso unerheblich wie die Art und Weise. Hier gibt es nur die
Grenze der vertrauensvollen Zusammenarbeit, die es z.B. verbietet, den
Betriebsrat so mit Papieren zuzuschütten, dass ihm vor lauter Einzeldaten,
Übersichten, Grafiken usw. der Blick auf das Wesentliche verstellt wird.

237   Aus diesem Grundsatz lässt sich auch der Anspruch herleiten, die
Informationen selbst dann schriftlich vorzulegen, wenn diese in solcher
Form nicht vorhanden sind. Grundsätzlich verlangt § 80 Abs. 2 BetrVG nur
die Überlassung vorhandener, nicht aber die Erstellung neuer Unterlagen
eigens für den Betriebsrat (BAG vom 07.08.1986 – 6 ABR 77/83). Versetzt die
mündliche Unterrichtung jedoch wegen des Umfangs der Daten den Betriebsrat nicht in die Lage, seinen Aufgaben nachzukommen, muss sie in
anderer Form, durch Überlassung eigens hierfür hergestellter, entsprechender Unterlagen erfolgen.

238   Die Verpflichtung, Unterlagen vorzulegen, erstreckt sich ohne
Weiteres auf alle vorhandenen Dokumente, die bezüglich der Planungen des
Arbeitgebers aussagekräftig sind. Hierzu gehören auch Expertisen von
Unternehmensberatern, wenn diese in die Planung des Arbeitgebers einge-

flossen sind. Im Abschnitt „Umfassende Information" (Rz. 260 ff.) sind die für den Betriebsrat generell interessanten Unterlagen aufgelistet. Diese können unterschiedliche Form haben und müssen nicht aus bedrucktem oder beschriebenem Papier bestehen. Mit dem Begriff „Unterlagen" sind ebenso Datenträger, Tonträger, Fotos und im Einzelfall auch Teile der Produktion wie etwa Ausschussware gemeint (BAG vom 07.08.1986 – 6 ABR 77/83). Auch solche Quellen müssen, wenn sie aussagekräftig sind, dem Betriebsrat zugänglich gemacht werden.

4.6 Adressat der Informationen

239　Grundsätzlich ist der Arbeitgeber nach dem BetrVG verpflichtet, den Betriebsrat als Gremium und – wenn vorhanden – den Wirtschaftsausschuss zu informieren. Im Regelfall wird dies durch die Mitteilung an die Vorsitzenden bzw. deren Vertreter geschehen. In welcher Form die Unterrichtung erfolgt, ob im Monatsgespräch, auf einer Betriebsratssitzung oder in der Kantine beim Mittagessen, ist dabei gleichgültig. Es ist also nicht so, dass der Betriebsrat mit seinen Aktivitäten warten müsste, bis eine „offizielle" Stellungnahme an ihn ergeht.

240　　　　Andererseits kann er sich aber auch nicht darauf berufen, er habe von nichts gewusst, wenn die Betriebsänderung Tagesgespräch ist, der Arbeitgeber aber noch keine förmliche – was immer das sein mag – Unterrichtung vorgenommen hat. Dies stellt zwar einen Verstoß gegen die Pflicht zur Unterrichtung aus § 111 BetrVG dar, kann für den Betriebsrat aber allenfalls aus taktischen Erwägungen heraus ein Grund zum Stillhalten sein.

4.7 Durchsetzung des Informationsanspruchs

241　Die gerichtliche Durchsetzung des Unterrichtungsanspruchs gegen den Arbeitgeber ist bei dessen Weigerung immer dann möglich, wenn der Betriebsrat die Informationen benötigt, um seine Mitbestimmungsrechte ausüben zu können. Insbesondere bedarf es dafür keines „groben Verstoßes" des Arbeitgebers im Sinne des § 23 Abs. 3 BetrVG gegen seine betriebsverfassungsrechtlichen Pflichten (BAG vom 17.05.1983 – 1 ABR 21/80).

242　　　　Auch die Einigungsstelle lässt sich als Mittel einsetzen, um Informationen zu beschaffen. Dies betrifft unmittelbar den Wirtschaftsausschuss, der ein solches Verfahren gem. § 109 BetrVG über den Betriebsrat einleiten kann, um dort über die Verpflichtung des Arbeitgebers zur Unterrichtung über spezielle Sachverhalte entscheiden zu lassen. Im Rahmen anstehender Betriebsänderungen ist allerdings die Informationsbeschaffung über den Wirtschaftsausschuss und vor allem im Fall der Informationsverweigerung über die Einigungsstelle schon aus Zeitgründen nicht zweckmäßig. Es dauert einfach zu lange, bis die Einigungsstelle tagt und über den Informationsanspruch des Wirtschaftsausschusses entscheidet. Außerdem ist deren Spruch danach in einem langwierigen Verfahren gerichtlich anfechtbar (BAG vom 11.07.2000 – 1 ABR 43/99).

243   Für Informationsanliegen des Betriebsrats ist die Einigungsstelle unmittelbar überhaupt nicht zuständig, sein Weg führt direkt zum Arbeitsgericht. Allerdings kann er die Einigungsstelle mittelbar bei Verhandlungen über Interessenausgleich und Sozialplan zu diesem Zweck für sich nutzen. Ein Arbeitgeber, der in der Einigungsstelle nicht mit offenen Karten spielt, verschweigt Informationen nicht nur gegenüber dem Betriebsrat, sondern auch gegenüber dem oder der Vorsitzenden der Einigungsstelle. Da diese Person die entscheidende Stimme bei der Entscheidung über den Sozialplan hat, liegt für den Arbeitgeber ein erhebliches Risiko darin, sich deren/dessen Unmut zuzuziehen. Deshalb kann der Betriebsrat auch die Einigungsstelle einsetzen, um eine Informationsblockade des Arbeitgebers zu durchbrechen. Das ist dann zwar nicht deren eigentlicher Regelungsauftrag, aber ein willkommener Nebeneffekt. Bestellt werden muss die Einigungsstelle aber immer für den rechtlich richtigen Auftrag: Die Verhandlung des Sozialplans. (Einzelheiten zum Verfahren in der Einigungsstelle finden sich in Rz. 90 ff.)

5 Handlungsmöglichkeiten des Betriebsrats bei geplanten Betriebsänderungen

244   Auch wenn sich dynamische Vorgänge wie Verhandlungen mit völlig entgegengesetzten Zielen und Interessen der Beteiligten kaum in ein Ablaufschema zwingen lassen, kann man sich bei der Beschreibung der Handlungsmöglichkeiten des Betriebsrats bei geplanten Betriebsänderungen an einer idealtypischen Schrittfolge orientieren. Dies darf selbstverständlich nicht dazu führen, die Verhandlungen mit Gewalt in ein entsprechendes Korsett zwängen zu wollen. Es kann aber insofern eine Hilfestellung bieten, als die einzelnen Schritte vollzogen und ihre Voraussetzungen praktisch immer erfüllt werden müssen. Dabei kommt es weniger auf die von uns skizzierte Reihenfolge, sondern mehr auf die jeweilige Klarheit im Betriebsrat an, welches der nächste Punkt in der Diskussion mit dem Arbeitgeber ist und mit welchen Zielen diese geführt wird.

Einzelschritte einer Betriebsänderung

245   ▶ Informations- und Vorbereitungsphase
- ▷ Arbeitgeber beginnt mit der Planung einer Betriebsänderung
- ▷ Arbeitgeber informiert Wirtschaftsausschuss, Betriebsrat und Aufsichtsrat anhand von Unterlagen über Planungsstand
- ▷ Betriebsrat und Gesamtbetriebsrat klären ihre Zuständigkeit
- ▷ Betriebsrat schaltet Gewerkschaft ein und zieht u.U. Sachverständige hinzu
- ▷ Betriebsrat prüft Unterlagen und fordert u.U. zusätzliche Informationen
- ▷ Betriebsrat legt unter Einbeziehung der Belegschaft Verhandlungsziele fest und stimmt eigenes Verhandlungskonzept ab.

246   ▶ Verhandlungsphase
- ▷ Betriebsrat und Arbeitgeber verhandeln über Interessenausgleich und Sozialplan
- ▷ Einigung oder
- ▷ Einschaltung der Agentur für Arbeit
- ▷ Einschaltung der Einigungsstelle, wenn der Sozialplan nicht zustande kommt
- ▷ Interessenausgleich und Sozialplan sind nicht zustande gekommen; Betroffene haben u.U. Anspruch auf Nachteilsausgleich gem. § 113 BetrVG oder
- ▷ Interessenausgleich ist endgültig gescheitert; Sozialplan wird durch Spruch der Einigungsstelle aufgestellt oder

▷ Interessenausgleich und Sozialplan werden in der Einigungsstelle vereinbart.

247 ▶ Umsetzungsphase
  ▷ Betriebsrat informiert Belegschaft über Ergebnis
  ▷ Arbeitgeber führt Betriebsänderung durch
  ▷ Betriebsrat nimmt Mitbestimmungsrechte bei der Umsetzung wahr
  ▷ Betriebsrat überwacht (u.U. im Restmandat) Einhaltung von Interessenausgleich (soweit zustande gekommen) und Sozialplan.

5.1 Informations- und Vorbereitungsphase

248 Die Ausgangslage dieser Phase ist dadurch gekennzeichnet, dass der Betriebsrat Kenntnis von einer geplanten Betriebsänderung erhält. In den meisten Fällen informiert der Arbeitgeber, so wie es seine Pflicht ist, den Betriebsrat, Wirtschaftsausschuss und ggf. den Aufsichtsrat über seine Absichten – wenn auch nicht immer im notwendigen Umfang.

Zuständigkeiten
249 Bei Betriebsänderungen, die mehr als nur einen Betrieb erfassen, ist anhand dieser Informationen eine Klärung der Zuständigkeit der Gremien erforderlich. Für den Arbeitgeber ist dies ebenso wichtig wie für die Interessenvertretung. Ein mit dem falschen Gremium geschlossener Interessenausgleich schützt ihn nicht vor Ansprüchen auf Nachteilsausgleich (BAG vom 24.01.1996 – 1 AZR 542/95), ein Sozialplan wäre wirkungslos. Die Bestimmung dieser Zuständigkeit ist allerdings nicht immer einfach.

250 Erfasst eine Betriebsänderung mehrere Standorte in der Weise, dass sie gleichlautende Regelungen vor Ort erfordern, ist der Gesamtbetriebsrat für den Interessenausgleich zuständig. Daraus folgt aber nicht zwingend – wie das BAG schon mehrfach betont hat – die Zuständigkeit auch für den Sozialplan (BAG vom 11.12.2001 – 1 AZR 193/01, AiB 2003, 500–501 und BAG vom 03.05.2006 – 1 ABR 15/05, AiB 2007, 494–495). Warum, zeigt das folgende Beispiel:

Beispiel
251 ▶ Wenn zwei Betriebe an einem Standort vereint werden sollen, ist es nicht möglich, dass der eine diese Vereinigung im Januar und der andere erst im Juli vollzieht. Die Regelung der Maßnahme im Interessenausgleich muss

also einheitlich erfolgen, damit ist die Zuständigkeit des Gesamtbetriebsrats gem. § 50 Abs. 1 BetrVG gegeben.

Deshalb muss aber nicht auch der Sozialplan einheitlich geschlossen werden: Der neue Betrieb soll seinen Standort in Mannheim haben. Die alten Standorte sind Ludwigshafen und Flensburg. Hier entsteht nur in Flensburg die Notwendigkeit, Regelungen für das Ausscheiden von Beschäftigten vorzusehen. Der Wechsel von Mannheim nach Ludwigshafen dagegen erfordert nicht einmal einen Umzug. Daher können die Sozialpläne durchaus voneinander abweichen. Für dessen Verhandlung sind damit die lokalen Betriebsräte zuständig.

252 Weil die Bestimmung der Zuständigkeit damit unter Umständen schwierig wird, sollten die beteiligten Gremien selber für Klarheit sorgen. Das kann auf zweierlei Weise geschehen:

253 Wenn der Gesamtbetriebsrat die Verhandlungen führen soll, beauftragen ihn die einzelnen Gremien gem. § 50 Abs. 2 BetrVG; wenn die einzelnen Betriebsräte die Verhandlungen führen, tritt der Gesamtbetriebsrat dem Verhandlungsergebnis einfach bei. Dies sollte allerdings in unterschiedlichen, wenn auch wortgleichen Vereinbarungstexten geschehen, damit die Rechtsprechung deren Wirksamkeit nicht im Nachhinein anzweifelt, weil unklar ist, welche Regelung wem zuzuordnen ist (BAG vom 15.04.2008 – 1 AZR 86/07). Beides setzt aber Einvernehmen aufseiten der Betriebsräte voraus. Besteht das nicht, kann der Arbeitgeber sein Risiko dadurch beseitigen, dass er sie auffordert, vor Eintritt in die Verhandlungen diese Zuständigkeitsfrage zu klären (BAG vom 24.01.1996 – 1 AZR 542/95). Beim Sozialplan hingegen müssen die Beschäftigten dann wohl mit der Gefahr leben, dass ein Verhandlungsergebnis mangels Zuständigkeit wirkungslos ist. Die Uneinigkeit im eigenen Lager geht also zulasten der Beschäftigten.

Früherkennung

254 Der Betriebsrat darf nicht darauf vertrauen, dass der Arbeitgeber seine Informationspflichten sehr ernst nimmt, und schon gar nicht, dass er sie so rechtzeitig erfüllt wie eigentlich erforderlich ist. Deshalb muss er immer auch selbst den Anzeichen von geplanten Betriebsänderungen nachgehen.

255 Die folgende Übersicht liefert einen Überblick über mögliche Ansatzpunkte für eine Früherkennung von geplanten Betriebsänderungen.

256   Geplante Betriebsänderungen sind frühzeitig erkennbar durch:
- regelmäßige Auswertung von auf das Unternehmen bzw. den Betrieb bezogenen wirtschaftlichen Planinformationen
- regelmäßigen Vergleich der wirtschaftlichen Entwicklung des Unternehmens mit der Branchenentwicklung anhand ausgewählter Kennzahlen (z.B. Umsatz, Gewinn, Eigenkapital, Verschuldung, Investitionen, Aufwendungen für Forschung und Entwicklung)
- Beauftragung von Unternehmensberatern
- Veränderung der Besitz- und Eigentumsverhältnisse
- personelle Veränderungen im Management
- kleinere Veränderungen im organisatorischen oder technischen Bereich des Unternehmens/Betriebs.

Über Veränderungen der Eigentumsverhältnisse muss der Arbeitgeber den Wirtschaftsausschuss bzw. Betriebsrat gem. §§ 106 Abs. 3 Nr. 9a, 109a BetrVG unterrichten, wenn dadurch ein neuer Eigentümer die Kontrolle über das Unternehmen erhält.

257   Ergeben sich für den Betriebsrat solche Ansatzpunkte, so muss er nachhaken und dem Arbeitgeber entsprechende Fragen stellen. Ein geeignetes Gremium hierfür ist der Wirtschaftsausschuss, da dieser eigenständige Informationsrechte besitzt, die nicht an die Existenz eines Mitbestimmungs- oder Mitwirkungsrechts des Betriebsrats gekoppelt sind.

258   Verdichtet sich aus den so gewonnenen Informationen die Vermutung bzw. hat der Betriebsrat die Gewissheit, dass der Arbeitgeber eine Betriebsänderung plant, folgen daraus mehrere denkbare Handlungsschritte:
- Hinzuziehung der Gewerkschaft und ggf. eines Sachverständigen
- Überprüfung der Mitbestimmungspflichtigkeit einer Betriebsänderung
- Beschaffung der erforderlichen Informationen/Unterlagen durch Betriebsrat bzw. Wirtschaftsausschuss
- Feststellung des Handlungsbedarfs und der Handlungsspielräume
- Festlegung der Verhandlungsziele
- Entwicklung eines eigenen Verhandlungskonzepts für einen Interessenausgleich und Sozialplan (mit Maximal- und Minimalforderungen)
- Festlegung der betriebspolitischen und rechtlichen Durchsetzungsstrategien.

5.1.1 Externe Unterstützung

259   Eine wesentliche Ursache für Fehler und Versäumnisse von Betriebsräten bei geplanten Betriebsänderungen ist die fehlende Erfahrung mit diesem Problemkomplex. Deshalb ist es wichtig, dass sich der Betriebsrat frühzeitig externe Unterstützung sichert. Der erste Ansprechpartner ist sinnvollerweise die zuständige Gewerkschaft. Sie verfügt entweder selbst über den erforderlichen Sachverstand oder kann versierte Sachverständige vermitteln, die den Betriebsrat kompetent beraten und auch in den Verhandlungen mit dem Arbeitgeber unterstützen.

5.1.2 Umfassende Information

260   Der Betriebsrat prüft, ggf. mit Unterstützung der Gewerkschaft oder eines Sachverständigen, die bislang vorliegenden Unterlagen und Informationen. Meist stellt sich heraus, dass die vorhandenen Informationen nicht ausreichen. In diesem Fall wird der Arbeitgeber aufgefordert, binnen einer angemessenen Frist die fehlenden Unterlagen und Informationen zur Verfügung zu stellen.

261   Es hat sich als zweckmäßig erwiesen, den Arbeitgeber in diesem Zusammenhang schriftlich darauf hinzuweisen, dass Verzögerungen in der Informationsbereitstellung notwendigerweise zu Verzögerungen bei der Aufnahme von Verhandlungen über einen Interessenausgleich und Sozialplan führen, was wiederum den Zeitplan des Arbeitgebers für die Umsetzung der geplanten Betriebsänderung möglicherweise gefährdet.

262   Welche Informationen der Betriebsrat im konkreten Fall benötigt, um seine Mitbestimmungsrechte effektiv wahrnehmen zu können, hängt von der jeweiligen Fallgestaltung ab. Niemals darf er jedoch darauf vertrauen, dass ihn der Arbeitgeber von sich aus so umfassend informiert, wie es seine betriebsverfassungsrechtliche Pflicht ist. Dies ist nicht unbedingt böse Absicht: Natürlich weiß der Arbeitgeber einerseits genau, dass er mit einem schlecht informierten Betriebsrat leichteres Spiel hat. Andererseits weiß er aber nicht, welche Informationen und Unterlagen der Betriebsrat benötigt. Dies zu bestimmen und so den umstrittenen Rechtsbegriff der „umfassenden" Information auszufüllen, kann nur dieser selbst leisten.

263   Der Informationsbedarf bei einer Betriebsänderung bezieht sich regelmäßig auf drei Bereiche:
▶ Informationen über die geplante Betriebsänderung
▶ personalwirtschaftliche Informationen
▶ Informationen über die wirtschaftliche und finanzielle Situation des Unternehmens/Konzerns.

264   Im Einzelnen können das folgende Informationen sein:

Zur Betriebsänderung:
▶ ausführliche Beschreibung der geplanten Betriebsänderung (was, wann, wo, wie?)
▶ ausführliche Beschreibung und Bewertung der übrigen geprüften, aber verworfenen Alternativen
▶ ausführliche Begründung der Vorzüge der gewählten Alternative
▶ ausführliche Beschreibung der Auswirkungen der geplanten Betriebsänderung auf die Arbeitnehmer/-innen sowie der im Rahmen einer Sozialauswahl vergleichbaren Beschäftigten mit den wesentlichen sozialen und wirtschaftlichen Daten (Alter, Betriebszugehörigkeit, Zahl der unterhaltspflichtigen Kinder, Minderung der Erwerbstätigkeit, Monatsverdienst).

265   *Zur Personalplanung:*
▶ aktuelle Stellenpläne für einzelne Kostenstellen, Abteilungen, Bereiche oder Betriebe
▶ aktuelle Personal-Bestandslisten für einzelne Kostenstellen, Abteilungen, Bereiche oder Betriebe
▶ Mitarbeiter-Übersichten nach Funktionen/Tätigkeiten/Qualifikationen
▶ Stellenbeschreibungen/Stellenprofile
▶ Personalbedarfsrechnungen (einschließlich Ausfallzeiten)
▶ Übersichten über unbesetzte Stellen im Betrieb, Unternehmen, Konzern
▶ Überstundenstatistiken für einzelne Kostenstellen, Abteilungen, Bereiche, Betriebe
▶ Übersichten über Art und Umfang des Einsatzes von Fremdfirmen
▶ Fluktuationsstatistik.

266   *Zur wirtschaftlichen und finanziellen Lage:*
▶ gesellschaftsrechtliche Unterlagen (z.B. Handelsregisterauszüge, Gesellschaftsverträge, Ergebnisabführungsverträge, Beherrschungsverträge)

▶ Jahresabschlussunterlagen (Bilanz, Gewinn- und Verlustrechnung, Anhang sowie Lagebericht, Wirtschaftsprüferbericht)

▶ ggf. Statusunterlagen (Gründungsbilanz, Vergleichsbilanz, Liquidationsbilanz, Konkursbilanz, Auseinandersetzungsbilanz)

▶ interne kurzfristige Betriebsergebnisrechnung (kurzfristige Erfolgsrechnung, Deckungsbeitragsrechnung, monatliche Gewinn- und Verlustrechnungen)

▶ aktuelle Unterlagen über Auftragsbestände, Lagerbestände, Bankguthaben, offene Kreditlinien, Vermögenswerte

▶ interne Planungsunterlagen (strategische Unternehmensplanung, Umsatz- und Absatzplanung, Lagerbestandsplanung, Kostenplanung, Finanz- und Liquiditätsplanung, Investitionsplanung, Schichtpläne, Maschinenbelegungspläne usw.)

▶ Unterlagen über Lieferanten- und Kundenstruktur

▶ Unterlagen über die Austauschbeziehungen zwischen Konzernunternehmen

▶ Marktanalysen.

267   Dies sind bei Betriebsänderungen häufig benötigte Informationen und Unterlagen. Für den konkreten Fall muss der Informationsbedarf eigenständig ermittelt werden; die Übersichten können dabei als Checkliste dienen. Liegen die benötigten Informationen vor, muss der Betriebsrat als Nächstes feststellen, welcher Handlungsbedarf für ihn besteht und welche Handlungsspielräume gegeben sind.

5.1.3 Handlungsbedarf und Handlungsspielräume

268   Da eine Betriebsänderung vor allem dadurch gekennzeichnet ist, dass sie wesentliche Nachteile für Beschäftigte mit sich bringen kann, besteht die nächste Aufgabe des Betriebsrats darin, herauszufinden, welche Nachteile zu erwarten sind. Er muss also eine „Gefährdungsanalyse" der Arbeitnehmerinteressen durchführen, um seinen Handlungsbedarf zu bestimmen.

269   Die „Gefährdungsanalyse" des Betriebsrats sollte sich auf folgende Bereiche erstrecken:

▶ *Arbeitsplätze:*
Durch einen Vergleich des Ist-Bestands an Arbeitsplätzen mit dem geplanten Soll-Bestand nach Durchführung der Betriebsänderung ergibt sich das Gefährdungspotenzial. Dabei ist nicht nur der Wegfall von Arbeitsplätzen, sondern auch die qualitative Veränderung bei den verbleibenden und ein sich hieraus ergebender Qualifizierungsbedarf bedeutsam. In diesem

Zusammenhang ist auch der Umfang an innerbetrieblichen und betriebsübergreifenden Versetzungen wichtig.

▶ *Einkommen:*
Einkommensminderungen ergeben sich vor allem beim Verlust des Arbeitsplatzes, aber auch bei Versetzungen auf einen niedriger bewerteten Arbeitsplatz.

▶ *Arbeitszeitlage:*
Veränderungen im Zeitregime eines Betriebs (z.B. Einführung eines Schichtsystems) können dazu führen, dass Arbeitnehmer/-innen die bisherige Tätigkeit unter den veränderten Bedingungen nicht mehr ausüben können.

▶ *Arbeitszeitdauer:*
Auch ohne Veränderungen von Lage und Dauer der Arbeitszeit kann die Verlegung des Betriebs zu Problemen führen, wenn für Teilzeitbeschäftigte die Relation von bezahlter Arbeitszeit und unbezahlter Wegezeit unwirtschaftlich wird.

▶ *Qualifikation:*
Durch technische und organisatorische Rationalisierung können vorhandene Qualifikationen entwertet und die betroffenen Arbeitnehmer/-innen veränderten Qualifikationsanforderungen ausgesetzt werden, die nur durch erhebliche Schulungsanstrengungen zu bewältigen sind. Gerade ältere Arbeitnehmer/-innen haben hier beträchtliche Qualifikationsbarrieren zu überwinden.

▶ *Arbeitsbedingungen:*
Erschwerte Arbeitsbedingungen (z.B. Lärm, Staub, Dämpfe, Hitze, Kälte usw.) können bei entsprechenden gesundheitlichen Beeinträchtigungen dazu führen, dass die bisherige Tätigkeit nicht mehr ausgeübt werden kann.

▶ *Sozialleistungen:*
Insbesondere bei betriebsübergreifenden Versetzungen oder Versetzungen in andere Konzernunternehmen kann es zum Wegfall bzw. zu Verschlechterungen bisher erbrachter Sozialleistungen kommen.

▶ *Sonstige wirtschaftliche Nachteile:*
Hierunter fallen vor allem längere Fahrtwege zur Arbeitsstätte und damit verbundene höhere Fahrtkosten sowie Umzugskosten beim erforderlichen Wechsel des Wohnorts.

270 Häufig werden bei einer Betriebsänderung verschiedene Beschäftigtengruppen in ganz unterschiedlicher Weise gefährdet. Dann ist es wichtig, für jede Beschäftigtengruppe die zu erwartenden Nachteile möglichst genau zu

erfassen. Nachteile aufgrund einer Betriebsänderung müssen auch nicht unmittelbar mit deren Durchführung eintreten. Sofern plausibel gemacht werden kann, dass sie auch mittelfristig entstehen können, ihre eigentliche Ursache aber in der Betriebsänderung haben, sind auch diese Nachteile zu berücksichtigen. Es ist klar, dass mit zunehmendem zeitlichen Abstand zur Betriebsänderung auch der Plausibilitätsnachweis eines ursächlichen Zusammenhangs immer schwerer zu erbringen sein wird.

271   Wünschenswert – aber bisher noch die Ausnahme – sind Bemühungen des Arbeitgebers, bereits bei der Planung von Betriebsänderungen eine „Gefährdungsanalyse" hinsichtlich der Arbeitnehmerinteressen vorzunehmen, um bei aller gebotenen wirtschaftlichen Betrachtungsweise zu sozialverträglichen Unternehmensentscheidungen zu gelangen. Solche Beispiele sind jedoch selten und kamen in der Vergangenheit vor allem in der Großindustrie vor. Der Handlungsbedarf für den Betriebsrat ist umso drängender, je gravierender die zu erwartenden Nachteile für die betroffenen Arbeitnehmer/-innen sind.

272   Die zeitlichen und inhaltlichen Handlungsspielräume des Betriebsrats zur Beeinflussung der geplanten Betriebsänderung im Interesse der Arbeitnehmer/-innen ergeben sich aus folgenden Fragen:

▶ Wie dringlich ist die Betriebsänderung aus Sicht des Arbeitgebers?
▶ Wie bedrohlich ist die wirtschaftliche Situation des Unternehmens/ Konzerns wirklich?

273   Häufig behaupten Arbeitgeber, die Betriebsänderung müsse sehr rasch umgesetzt werden, um weiteren Schaden für das Unternehmen und die Arbeitnehmer/-innen abzuwenden. Ob solche Eile wirklich geboten ist, sollte der Betriebsrat genau überprüfen und sich selbst mit Unterstützung der Gewerkschaft und ggf. von Sachverständigen ein eigenständiges Urteil bilden. Kommt er zu der Überzeugung, dass der behauptete Zeitdruck nicht gegeben ist, kann er in aller Ruhe an die Bewältigung der Aufgabe herangehen.

274   Das hat allerdings manchmal zur Folge, dass der Betriebsrat von den (betroffenen) Arbeitnehmerinnen/Arbeitnehmern unter Druck gesetzt wird, die verständlicherweise wissen wollen, woran sie sind. Hier muss er geduldig und beharrlich der Belegschaft klar machen, warum aus seiner Sicht vorschnelles Handeln für die Betroffenen günstige Ergebnisse verhindern würde. Um den Druck abzumildern, sollte sich der Betriebsrat für den Sozialplan zum Ziel setzen, auch diejenigen mit Abfindungen zu versehen, die schon vor Abschluss der Verhandlungen und sogar vor Beginn der

eigentlichen Betriebsänderung ausgeschieden sind. Diese Zielstellung muss den Betroffenen mitgeteilt werden, weil dies bereits zur Beruhigung der Gemüter führen kann.

275   Allerdings darf dabei nicht der falsche Eindruck erweckt werden, der Abschluss eines Sozialplans mit diesem Inhalt sei sicher. Ob und in welchem Umfang ein bestimmter Personenkreis für den Verlust des Arbeitsplatzes Leistungen aus dem Sozialplan erhalten wird, hängt schließlich vom Ausgang der Verhandlungen und u.U. auch von der Entscheidung der Einigungsstelle ab. Deren Ergebnisse sind niemals vorhersehbar.

276   Ein aus unserer Sicht wichtiges Indiz für die Feststellung, ob eine tatsächliche oder lediglich vorgeschobene Dringlichkeit einer Betriebsänderung vorliegt, ist die Offenheit in der Informationspolitik des Arbeitgebers und seine Bereitschaft, ggf. die Hinzuziehung eines Sachverständigen für den Betriebsrat zu akzeptieren, auch wenn sein Einverständnis in Unternehmen ab 300 Beschäftigten gar nicht notwendig ist. Legt der Arbeitgeber dem Betriebsrat alle geforderten Unterlagen ohne zu zögern vor, so spricht einiges dafür, dass aus seiner Sicht tatsächlich Eile geboten ist. Die vorgelegten Unterlagen bestätigen dann auch häufig diese Einschätzung.

277   Für den Betriebsrat ist eine solche Situation äußerst schwierig. Einerseits zeigt die Erfahrung, dass ein Arbeitgeber, der unter Zeitdruck ist, zu größeren Zugeständnissen bei den Verhandlungen bereit ist. Hält aber auch der Betriebsrat die Umsetzung der Betriebsänderung im Interesse der Sicherung von Arbeitsplätzen für dringlich, so kann er schlecht diese Situation ausnutzen, indem er beispielsweise mit einer Verzögerungsstrategie droht, um so den Arbeitgeber noch stärker unter Zeitdruck zu setzen. Maßstab für die Entscheidung des Betriebsrats muss in solchen Situationen sein, dass für die betroffenen Arbeitnehmer/-innen faire Regelungen vereinbart werden. Es darf nicht sein, dass zur Sicherung der verbleibenden Arbeitsplätze die von der Betriebsänderung Betroffenen einfach „geopfert" werden.

278   In tatsächlichen Dringlichkeitsfällen hat es sich als zweckmäßig erwiesen, eilbedürftige Teile der Betriebsänderung durch Teil-Interessenausgleich oder Übergangsvereinbarung vorab zu regeln und sich für die weniger eilbedürftigen Teile, wozu gerade der Sozialplan zählt, die gebotene Zeit für überlegte und ausgewogene Vereinbarungen zu lassen.

279   Die inhaltlichen Handlungsmöglichkeiten werden sehr stark auch durch die wirtschaftliche Lage des Unternehmens bestimmt. Wie schon bei der Frage der Dringlichkeit einer Betriebsänderung, so muss sich der Betriebsrat auch hinsichtlich der wirtschaftlichen Lage ein eigenständiges

Urteil verschaffen. Grundsätzlich gilt, dass Unternehmer und Management ihre wirtschaftliche Situation gerade bei solchen Verhandlungen negativ darstellen. Je schlechter die wirtschaftliche Lage wirklich ist, desto geringer sind i.d.R. die inhaltlichen Handlungsmöglichkeiten des Betriebsrats, da sozialverträglichere Maßnahmen im Vergleich zu den vom Arbeitgeber vorgesehenen meist höhere Kosten verursachen.

280 Hat der Betriebsrat seinen Handlungsbedarf und seine zeitlichen und inhaltlichen Handlungsmöglichkeiten ermittelt, dann ist er auch in der Lage, seine Verhandlungsziele zu formulieren.

5.1.4 Verhandlungsziele

281 Voraussetzung für erfolgreiches Verhandeln ist, dass man sich über seine Ziele im Klaren ist. Dies gilt auch für Betriebsänderungen.

282 Die möglichen Verhandlungsziele des Betriebsrats lassen sich allgemein folgendermaßen zusammenfassen:
- ▶ Verhinderung der Betriebsänderung
- ▶ Veränderung/Beeinflussung der Betriebsänderung im Arbeitnehmerinteresse
- ▶ zeitliche Verzögerung der Betriebsänderung
- ▶ Ausgleich/Milderung der durch die Betriebsänderung verursachten wirtschaftlichen Nachteile für die Belegschaft.

283 Die Verhinderung einer Betriebsänderung ist in der überwiegenden Zahl der Fälle kein sehr realistisches Ziel. Abgesehen davon, dass hierzu alle rechtlichen Voraussetzungen fehlen (vgl. „Interessenausgleich", Rz. 3 ff.), bedarf es dazu in der Regel einer Situation, in der die Durchführung der geplanten Betriebsänderung zu schwerwiegenden sozialen und wirtschaftlichen Problemen in einer Region führen würde. Dann kann es möglich sein, mit Unterstützung der Bevölkerung, der (regionalen) Medien, Gewerkschaften, Kirchen und der Kommunalpolitik eine geplante Betriebsänderung doch zu verhindern. Allerdings sind solche Fälle bislang die Ausnahme, die immer seltener vorkommt, wie die Zusammenbrüche einstiger Riesen wie Karstadt und Schlecker belegen. Neue Chancen dagegen ergeben sich aus der bezuschussten Kurzarbeit, deren Dauer in Krisenzeiten regelmäßig angepasst wird, um Entlassungen zu vermeiden. Im Jahr 2013 ist sie durch Rechtsverordnung von 6 auf 12 Monate verlängert worden. Da niemand wirklich absehen kann, wie die Verhältnisse 12 Monate später sein werden, lässt sich auch deren Besserung nicht ausschließen. Die Vereinbarung verlängerter

Kurzarbeit kann damit die preiswertere und auch sinnvollere Alternative zur Zahlung von Abfindungen bei Entlassungen sein. Andere, immer schon realistische Ziele sind die Veränderung bzw. Beeinflussung der Betriebsänderung und der Ausgleich oder die Milderung der wirtschaftlichen Nachteile. Die zeitliche Verzögerung einer Betriebsänderung ist in aller Regel kein eigenständiges Ziel, sondern meist nur ein Druckmittel, um den Arbeitgeber zu Zugeständnissen bezüglich der beiden vorgenannten Ziele zu veranlassen. Allerdings können durch zeitliche Streckung und Aufteilung einer Betriebsänderung in mehrere Maßnahmen auch die absehbaren Nachteile (z.B. in Form von Entlassungen) u.U. deutlich verringert werden, etwa durch Ausnutzen der natürlichen Fluktuation, aktive Outplacement-Maßnahmen usw.

5.1.5 Verhandlungskonzept

284   Das Verhandlungskonzept des Betriebsrats schlägt sich in eigenen Entwürfen für einen Interessenausgleich und Sozialplan nieder.

285   Seine Regelungsvorschläge zum Interessenausgleich können sich auf folgende Bereiche beziehen:

▶ weitgehende Vermeidung von Nachteilen für die Beschäftigten
▶ Regelungen zur Sicherung bestehender und Schaffung neuer Arbeitsplätze
▶ Regelungen über einen sozialverträglichen Personalabbau
▶ Regelungen zur Qualifizierung der Beschäftigten (ggf. mit Zuschüssen der Arbeitsverwaltung)
▶ Einrichtung einer Beschäftigungsgesellschaft ohne Kurzarbeit
▶ Regelungen zum vorbeugenden Gesundheitsschutz
▶ Formen der Zusammenarbeit zwischen Betriebsrat und Arbeitgeber
▶ Regelungen zur Beteiligung des Betriebsrats bei der Personalplanung (z.B. zu §§ 92, 96–98 BetrVG)
▶ Regelungen zur zukünftigen Information und Beratung im Wirtschaftsausschuss
▶ Regelung über die erweiterte Mitbestimmung des Betriebsrats bei Kündigungen (§ 102 Abs. 6 BetrVG)
▶ Festlegung der Einzelmaßnahmen der Betriebsänderung und Beteiligung des Betriebsrats
▶ Beschreibung der betroffenen Bereiche und Beschäftigten
▶ Auswirkungen/Veränderungen für die Beschäftigten (bestimmte Arbeitnehmergruppen)
▶ Beteiligung des Betriebsrats in der Umsetzungsphase.

286   Bei den Regelungen zur Sicherung bestehender und Schaffung neuer Arbeitsplätze sind zwei grundsätzlich verschiedene Situationen zu unterscheiden. Geht es um eine vorübergehende Überbrückung einer Unterauslastung der vorhandenen Kapazitäten, kommen folgende Maßnahmen zur kurz- und mittelfristigen Sicherung von Arbeitsplätzen in Betracht:

▶ erweiterte Lagerhaltung in Produktionsbetrieben
▶ Vorziehen von Reparatur-, Wartungs- und Instandhaltungsarbeiten
▶ Vereinbarung von Betriebsferien
▶ Einführung von Kurzarbeit
▶ Einführung von Arbeitszeitkonten oder von betriebsbezogener, verkürzter Arbeitszeit, sofern dies nach Tarifvertrag möglich ist.

287   Bei Verhandlungen über die Sicherungsmaßnahmen muss beachtet werden, ob weitere, meist stärkere Mitbestimmungsrechte die Anliegen des Betriebsrats ebenfalls tragen. Im Bereich der Arbeitszeitregelungen ist das praktisch immer der Fall. Das stärkt die Position des Betriebsrats.

288   Sind dagegen die Probleme längerfristiger Art, so eignen sich folgende Maßnahmen zur Sicherung von Arbeitsplätzen:

▶ Abbau von Mehrarbeit/Überstunden
▶ Abbau von Leiharbeit/Fremdfirmeneinsatz
▶ Rücknahme von Fremdvergaben
▶ Umwandlung von Vollzeit- in Teilzeitstellen auf freiwilliger Basis
▶ Gewährung unbezahlten Urlaubs, Sabbaticals
▶ Erweiterung des Produktprogramms.

289   Ist ein Personalabbau unvermeidbar, dann sollte dieser möglichst sozialverträglich bewerkstelligt werden, etwa durch

▶ Einstellungsstopp (in Verbindung mit dem weitgehenden Verzicht auf die Besetzung frei werdender Stellen)
▶ Vorruhestandsangebote und betriebliche Altersteilzeit für ältere Arbeitnehmer/-innen
▶ Angebot des Abschlusses von Aufhebungsverträgen auf freiwilliger Basis.

290   Regelungen zur Qualifizierung und zum vorbeugenden Gesundheitsschutz sind insbesondere hinsichtlich des eigenen Bedarfs bei der Einführung grundlegend neuer Arbeitsmethoden (§ 111 Satz 2 Nr. 5 BetrVG) und der grundlegenden Änderung der Betriebsanlagen (§ 111 Satz 2 Nr. 4 BetrVG) zur Vermeidung späterer Nachteile für die Beschäftigten wichtig. Dabei

müssen wiederum hinsichtlich der Qualifikationsmaßnahmen die erweiterten Möglichkeiten der Mitbestimmung gem. § 97 Abs. 2 und beim Gesundheitsschutz gem. § 87 Abs. 1 Nr. 7 BetrVG beachtet werden, die erzwingbare Mitbestimmungsrechte enthalten.

291   Eine wachsende Rolle kommt Regelungen zur Berufsbildung auch bei Maßnahmen des Personalabbaus zu. Die Qualifizierung für den allgemeinen Arbeitsmarkt, gleich ob in Form von kurzfristigen Fördermaßnahmen wie etwa Outplacementberatung oder durch das Angebot des Erwerbs regelrechter Zusatzqualifikationen kann bereits im Sozialplan vereinbart werden und dann bei Vorliegen weiterer Voraussetzungen durch Zahlungen der Arbeitsverwaltung und weitere öffentliche Mittel förderungsfähig sein. Hierunter fällt insbesondere die vorübergehende Zusammenfassung der Entlassenen in betriebsorganisatorisch selbstständigen Einheiten oder Transfergesellschaften, die im Wesentlichen über das Transferkurzarbeitergeld finanziert werden (s. hierzu Rz. 57).

292   Die konkrete Situation einer Betriebsänderung kann vom Betriebsrat auch dazu genutzt werden, mit dem Arbeitgeber die künftige Zusammenarbeit besser zu regeln, insbesondere dann, wenn diese Zusammenarbeit in der Vergangenheit und bei der anstehenden Betriebsänderung aus der Sicht des Betriebsrats nicht zufriedenstellend war. Häufig handelt es sich dabei um die Bereiche der Information und Beratung im Wirtschaftsausschuss (gem. §§ 106 ff. BetrVG) und der Personalplanung (§§ 92, 96–98 BetrVG). Hier empfiehlt es sich, im Zusammenhang mit dem Interessenausgleich eigenständige Betriebsvereinbarungen zu diesen Themenbereichen abzuschließen.

293   Im Rahmen eines Personalabbaus kann es sinnvoll sein, mit dem Arbeitgeber eine erweiterte Mitbestimmung des Betriebsrats bei Kündigungen gem. § 102 Abs. 6 BetrVG zu vereinbaren. Der Vorteil besteht darin, dass Kündigungen auf diese Weise tatsächlich verhindert werden können. Andererseits dürften dann die mit Zustimmung des Betriebsrats entlassenen Arbeitnehmer/-innen nur geringe Erfolgsaussichten in einem Kündigungsschutzprozess haben, weil ein solches Votum der Interessenvertretung durchaus Einfluss auf die Entscheidung der Arbeitsgerichte hat, obwohl eine solche Vereinbarung rechtlich nichts am materiellen Bestand des Kündigungsschutzes ändert. Es kann also auch vorkommen, dass mit Zustimmung des Betriebsrats Gekündigte ihren Prozess vor dem Arbeitsgericht gewinnen und in den Betrieb zurückkehren. Dies wäre dann nicht gerade ein Ruhmesblatt für diejenigen, die sich eigentlich vorgenommen haben, im betrieblichen Rahmen die Interessen der Beschäftigten zu wahren und sie zu schützen.

294 Im Interessenausgleich geht es um die konkrete Beschreibung der Betriebsänderung durch

▶ Benennung der betroffenen Bereiche
▶ Festlegung der Zahl der betroffenen Arbeitnehmer/-innen
▶ Beschreibung der erwarteten Auswirkungen auf die Betroffenen
▶ zeitliche Planung für die Umsetzung der Betriebsänderung und
▶ möglichst konkrete Vereinbarungen bezüglich der Beteiligung des Betriebsrats in der Umsetzungsphase.

295 Die genaue Festlegung der Betriebsänderung ist deshalb wichtig, weil im
Fall eines Abweichens des Arbeitgebers von der vereinbarten Betriebsänderung ohne wesentlichen Grund die Beschäftigten, denen hierdurch
Nachteile entstehen, einen Nachteilsausgleich gem. § 113 BetrVG einklagen können. Existiert keine solche Festlegung, können die Betroffenen
die Abweichung von der vereinbarten Betriebsänderung nicht oder nur
sehr schwer nachweisen. Auf der anderen Seite gibt sie allerdings auch
dem Arbeitgeber die Möglichkeit, unter Berufung auf einen Wegfall der
Geschäftsgrundlage einen Sozialplan wieder außer Kraft setzen zu lassen,
wenn er die Betriebsänderung anders als ursprünglich geplant durchführt
(BAG vom 28.08.1996 – 10 AZR 886/95). Hier lassen sich daher nur schwer
verallgemeinerungsfähige Aussagen zum richtigen Verhalten machen,
weil jeder Zuschnitt des Interessenausgleichs mit Risiken behaftet ist. Der
Betriebsrat wird daher einschätzen müssen, welches Risiko das höhere ist.

296 Die Festlegung der Art und Weise, wie der Betriebsrat in der
Umsetzungsphase zu beteiligen ist, hilft, Auseinandersetzungen zu vermeiden. Zumindest dann, wenn diese Vereinbarung Klarheit etwa hinsichtlich der vorzulegenden Unterlagen, der Unterrichtungszeiträume etc. schafft.

297 Im Rahmen des Sozialplans können folgende Fragen und
Problembereiche geregelt werden, für die ein Verhandlungsvorschlag des
Betriebsrats zu erarbeiten ist:

▶ Festlegung des Geltungsbereichs in räumlicher, sachlicher, persönlicher und
zeitlicher Hinsicht
▶ Regelungen zu Versetzungen
▶ Definition der Zumutbarkeitskriterien einer Versetzung
▶ Entgeltsicherung
▶ Arbeitsplatzgarantien (bedingt)
▶ Ausgleich sonstiger wirtschaftlicher Nachteile bei längeren Wegezeiten,
Ortswechsel usw.

▶ Rückkehrrecht (bedingt)
▶ Regelungen zu – geförderten – Qualifizierungsmaßnahmen
▶ Transfermaßnahmen
▶ Art und Umfang von Qualifizierungsmaßnahmen
▶ Entgeltsicherung während der Qualifizierungsmaßnahme
▶ Regelungen bei Personalabbau
▶ Abfindungen bei Arbeitsplatzverlust
▶ Einzahlungen in die gesetzliche Rentenversicherung
▶ Regelungen im Zusammenhang mit betrieblichen Sozialleistungen, insbesondere Sicherung noch nicht unverfallbarer Ansprüche aus der betrieblichen Altersversorgung
▶ Regelungen zur Beendigung des Arbeitsverhältnisses
▶ Zuschüsse zum Transferkurzarbeitergeld.

298   Die präzise Festlegung des Geltungsbereichs des Sozialplans ist wichtig, weil sich daraus ableiten lässt, welche Arbeitnehmer/-innen Leistungen aus dem Sozialplan beanspruchen können. Der räumliche Geltungsbereich kann sich auf einzelne Kostenstellen, Abteilungen, Bereiche, Betriebe oder das Unternehmen erstrecken. Der sachliche Geltungsbereich kann auf den Interessenausgleich, in dem die Betriebsänderung nach Art, Umfang und zeitlichem Verlauf festgelegt ist, verweisen. Ist ein Interessenausgleich nicht zustande gekommen, sollte hier entweder die Betriebsänderung beschrieben oder es sollten zeitliche Grenzen definiert werden. Wird die Betriebsänderung im Sozialplan beschrieben, ist ein Hinweis darauf wichtig, dass damit kein Interessenausgleich zustande gekommen ist. Andernfalls könnte hierdurch der Nachteilsausgleich vereitelt werden.

299   Der persönliche Geltungsbereich erstreckt sich auf alle von der Betriebsänderung möglicherweise betroffenen Arbeitnehmer/-innen gem. § 5 Abs. 1 BetrVG. Wesentlich für den Betriebsrat ist, dass Beschäftigte nicht vom Geltungsbereich des Sozialplans ausgeschlossen werden, weil sie aufgrund der Betriebsänderung selbst gekündigt haben oder durch Aufhebungsvertrag ausgeschieden sind. Das BAG hat in mehreren Urteilen deutlich gemacht, dass es nicht auf die Form, sondern lediglich auf den Grund der Beendigung des Arbeitsverhältnisses ankommt (vgl. z.B. BAG vom 15.01.1991 – 1 AZR 80/90).

300   Der zeitliche Geltungsbereich kann grundsätzlich auf zweierlei Weise geregelt werden: einmal durch Benennung eines festen Termins, der i.d.R. derjenige ist, zu dem die Betriebsänderung spätestens abgeschlossen

sein soll, oder durch die Benennung eines Umstands, nämlich den Abschluss der Betriebsänderung selbst. Damit wird das Ende der Wirksamkeit des Sozialplans geregelt. Wer zu einem späteren Zeitpunkt ausscheidet, hat keinen Anspruch mehr auf eine Abfindung. Diese Begrenzung ist natürlich nur rechtmäßig, wenn die Betriebsänderung dann auch tatsächlich abgeschlossen ist. Ein willkürlich früher gesetzter Beendigungszeitpunkt wäre unzulässig. Größere Probleme bereiten in der Praxis Stichtage, die den Beginn der Wirkung des Sozialplans festlegen. Beschäftigte, die davor ausgeschieden sind, werden von der Abfindungsregelung nicht erfasst. Grundsätzlich ist das zulässig (BAG vom 24.01.1996 – 10 AZR 155/95, AiB 1996, 618–619), aber nur dann, wenn der Zweck der Abfindungsregelung auch sachlich gerechtfertigt ist. Werden auf diese Weise etwa Beschäftigte nur deshalb ausgeschlossen, weil sie selber früher gekündigt haben, aber gleichwohl später ausscheiden als andere, die die Abfindung noch bekommen, ist das eine unzulässige Differenzierung (BAG vom 19.02.2008 – 1 AZR 1004/06, AiB 2009, 172–174). Benachteiligt werden mit den Stichtagsregelungen immer diejenigen, die bei angekündigten Betriebsänderungen und den damit einhergehenden betrieblichen Alltagsproblemen das Handtuch werfen, weil sie die schwächeren Nerven oder ein neues Arbeitsplatzangebot haben. Ob dieser Personenkreis im Sozialplan begünstigt werden soll, ist nicht allgemein zu beantworten. Für den einen wäre das eine Vergoldung eines problemlos vorgenommenen Arbeitgeberwechsels, für andere eine durchaus erforderliche Überbrückung, die ihnen gerechterweise nicht verweigert werden sollte, wenn sie durch einen schnelleren Ausstieg aus dem kriselnden Unternehmen für ein wenig Entlastung gesorgt haben, ohne eine wirklich adäquate Alternative zu haben. Hier ist also eine nähere Betrachtung nötig, wer warum schon vor Abschluss des Sozialplans ausgestiegen ist.

301   Im Rahmen der Regelungen bei Versetzungen kommt der Zumutbarkeit des neuen Arbeitsplatzes große Bedeutung zu. Nach § 112 Abs. 5 Nr. 2 BetrVG sind Arbeitnehmer/-innen von Sozialplanleistungen auszuschließen, wenn sie einen angebotenen zumutbaren Arbeitsplatz im selben Betrieb oder in einem anderen Betrieb des Unternehmens oder Konzerns ablehnen. Zwar muss ein solcher Ausschluss zwingend nur vorgenommen werden, wenn die Einigungsstelle den Sozialplan durch Spruch aufstellt. Faktisch beeinflusst diese Bestimmung aber natürlich auch die Verhandlungen zwischen Arbeitgeber und Betriebsrat. Die Zumutbarkeit eines Arbeitsplatzes wird üblicherweise anhand folgender Zumutbarkeitskriterien bestimmt:

▶ *funktionelle Zumutbarkeit:*
Der Arbeitsplatz muss der Qualifikation (Ausbildung, Erfahrung und bisherige Tätigkeit) entsprechen oder diese muss im notwendigen Umfang durch eine Qualifizierungsmaßnahme erworben werden können.

▶ *materielle Zumutbarkeit:*
Der Arbeitsplatz muss dieselben Verdienstmöglichkeiten bieten.

▶ *räumliche Zumutbarkeit:*
Der Arbeitsplatz muss in einer vertretbaren Zeit (einfache Wegezeit etwa 75 Minuten) erreichbar oder der Arbeitgeber verpflichtet sein, einen Wohnortwechsel weitgehend zu finanzieren, wobei dieser keine soziale Härte darstellen darf.

▶ *soziale Zumutbarkeit:*
Die Annahme des neuen Arbeitsplatzes darf nicht zu Erschwernissen bei der Betreuung unterhaltsberechtigter Kinder oder pflegebedürftiger Familienangehöriger führen oder für die betroffenen Arbeitnehmer zu einer persönlichen Härte werden (etwa aufgrund fortgeschrittenen Alters oder weil ein Lebenspartner seinen Arbeitsplatz wegen des Ortswechsels aufgeben müsste). Die soziale Unzumutbarkeit kann sich auch daraus ergeben, dass der Ehe- oder Lebenspartner infolge eines Ortswechsels seinen Arbeitsplatz aufgeben oder Kinder die Schule wechseln müssten. Auch dies muss der Sozialplan dann aber ausdrücklich so bestimmen.

Eine Erhöhung der gesundheitlichen Belastung am neuen Arbeitsplatz dagegen sollte als Kriterium nicht auftauchen, da diese Belastungen beseitigt werden müssen. Das ist eine Aufgabe im Rahmen des betrieblichen Arbeitsschutzes mit seinen starken Gestaltungsmöglichkeiten durch den Betriebsrat und kein Verhandlungsgegenstand im Rahmen der Betriebsänderung.

302   Wenn nur eines dieser Kriterien nicht erfüllt ist, sollte der angebotene Arbeitsplatz im Sozialplan als unzumutbar definiert werden. Lehnen Betroffene diese ab, dürfen ihnen hieraus keine Nachteile erwachsen, insbesondere müssen sie Leistungen aus dem Sozialplan erhalten. Allerdings gilt dies nur, wenn der Betriebsrat entsprechende Regelungen im Sozialplan verankert hat. Ergibt sich aus der Anwendung der Kriterien, dass der Arbeitsplatz zumutbar ist, so verlieren Beschäftigte ihren Anspruch auf Abfindung auch dann, wenn sie dem Übergang auf einen anderen Arbeitgeber im Rahmen des § 613a BGB widersprechen und deshalb ihren Arbeitsplatz verlieren (BAG vom 05.02.1997 – 10 AZR 553/96). Unzureichend ist es, es hier bei einem Verweis auf die Zumutbarkeitsregelungen der Bundes-

agentur für Arbeit bewenden zu lassen, weil damit andere Zielsetzungen verfolgt werden (BAG vom 30.01.1997 – 6 AZR 859/95). Entscheidet die Einigungsstelle über den Sozialplan, ist ihr Ermessen gem. § 112 Abs. 5 Nr. 2 BetrVG beschränkt. Sie darf die Zumutbarkeit nicht lediglich mit dem Grund verneinen, dass die Beschäftigung nur an einem anderen Ort möglich ist.

303   Häufig kommt es vor, dass einerseits der Arbeitgeber objektiv nicht in der Lage ist, diesen Zumutbarkeitskriterien entsprechende Versetzungsmöglichkeiten anzubieten, andererseits betroffene Arbeitnehmer/ -innen angesichts schlechter Arbeitsmarktperspektiven durchaus bereit wären, auch einen unzumutbaren Arbeitsplatz unter bestimmten Bedingungen anzunehmen. Ein solcher Entschluss kann dadurch erleichtert werden, dass der Sozialplan hierzu gewisse Anreize bietet. Möglich sind z.B.:

► Entgeltsicherung, etwa durch Verzicht auf Abgruppierung oder Zahlung einer Ausgleichszulage, die nicht oder nur teilweise mit zukünftigen Tariferhöhungen verrechnet werden kann

► Arbeitsplatzgarantie in Form eines besonderen Kündigungsschutzes, insbesondere in Zusammenhang mit einem Wohnortwechsel

► Rückkehrrecht durch bevorzugte Berücksichtigung bei der Besetzung zumutbarer Arbeitsplätze

► Anrechnung eines Teils der längeren Wegezeit auf die Arbeitszeit

► Ausgleich oder Milderung sonstiger wirtschaftlicher Nachteile, z.B. erhöhte Fahrtkosten, Umzugskosten, erhöhte Wohnungsmieten.

304   Ein weiterer wichtiger Regelungsbereich von Sozialplan und Interessenausgleich sind Leistungen des Arbeitgebers im Zusammenhang mit Qualifizierungsmaßnahmen. Im Einzelnen geht es dabei um

► Art und Umfang von Qualifizierungsmaßnahmen

► Entgeltsicherung während der Qualifizierungsmaßnahme

► Übernahme der Sachkosten der Qualifizierungsmaßnahme

► Zuschuss zum Transferkurzarbeitergeld.

305   Die Regelungen zu den Qualifizierungsmaßnahmen sind im Sozialplan dann erzwingbar, wenn sie auf die Förderung durch die Bundesagentur für Arbeit abzielen. Zusätzlich und unabhängig hiervon sollten sie aber zum Bestandteil der Beschreibung der Zumutbarkeit eines angebotenen Ersatzarbeitsplatzes gemacht werden. Die Verpflichtung des Arbeitgebers, nicht geförderte Bildungsmaßnahmen anzubieten oder finanziell zu unterstützen, gehört dagegen in den Interessenausgleich. Anders ist es, wenn die Qualifizierungen durch

die Veränderung der betrieblichen Gegebenheiten notwendig werden: Dann kann der Betriebsrat sie über § 97 Abs. 2 BetrVG erzwingen und muss nicht erst den Umweg über die Interessenausgleichsverhandlungen nehmen.

306   Gerade wegen der schwierigen Arbeitsmarktlage in fast allen Bereichen und Berufen ist es wichtig, dass sich Qualifizierungsmaßnahmen nicht nur am eigenen betrieblichen Bedarf orientieren, sondern dass insbesondere Beschäftigten, die von Arbeitsplatzverlust bedroht sind, Weiterbildungsangebote gemacht werden, die deren Arbeitsmarktchancen erhöhen, z.B. in Kooperation mit der Agentur für Arbeit. Nur solche Maßnahmen werden auch von ihr gefördert.

307   Im Mittelpunkt der Regelungen bei Personalabbau werden die Abfindungsleistungen des Unternehmens zum Ausgleich oder zur Milderung des wirtschaftlichen Nachteils bei einer Beendigung des Arbeitsverhältnisses stehen. Arbeitnehmer/-innen, die ihren Arbeitsplatz verlieren und nicht unmittelbar im Anschluss daran einen neuen, gleichwertigen Arbeitsplatz finden, müssen mit folgenden wirtschaftlichen Nachteilen rechnen:

▶ Nettoeinkommenseinbuße während der Dauer des Bezugs von Arbeitslosengeld bzw. Arbeitslosenhilfe

▶ Nettoeinkommenseinbuße im nachfolgenden Arbeitsverhältnis

▶ Nettoeinkommenseinbuße bei vorzeitiger Verrentung

▶ Minderung der gesetzlichen Altersrente wegen der zuvor genannten Einkommenseinbußen

▶ Verlust/Minderung der betrieblichen Altersversorgung durch Wegfall aufgelaufener Ansprüche, für die noch keine gesetzliche Unverfallbarkeit gem. § 1 BetrVG bestand, bzw. Wegfall zukünftiger Zuwächse bei Unverfallbarkeit der Ansprüche

▶ Verlust sonstiger materieller Leistungen, die an die Betriebszugehörigkeit gekoppelt sind (z.B. Jubiläen).

308   Die Berechnung dieser wirtschaftlichen Nachteile ist nur unter bestimmten Grundannahmen möglich. Diese müssen realitätsbezogen sein. So lässt sich die durchschnittliche Dauer des Bezugs von Arbeitslosengeld altersgruppenspezifisch aus den entsprechenden Statistiken der zuständigen Arbeitsverwaltung ermitteln. Die Nettoeinkommenseinbuße kann durch einen Vergleich des Durchschnittsverdienstes in den einzelnen Lohngruppen mit entsprechenden Branchenwerten ermittelt werden (Informationsquellen: WSI-Tarifarchiv, Arbeitgeberverbände, statistische Landesämter u.a.).

309 Allerdings werden dies immer nur grobe Orientierungswerte bleiben, da sich die Entwicklung der Leistungen aus der Sozialversicherung, die ein wichtiger Bestandteil der Überlegungen sind, kaum abschätzen lässt. Erhebliche Auswirkungen wird hier insbesondere die Anhebung des Rentenalters haben.

310 Die prognostizierten Nachteile sollten zumindest argumentativ die Basis für die Festlegung der Berechnungsformel für die Abfindungen sein. Schließlich sollen sie Ausgleich für in Zukunft zu erwartende Einbußen sein und nicht Belohnung für in der Vergangenheit geleistete Dienste (BAG vom 11.08.1993 – 10 AZR 558/92).

311 Aus der Zahl der Bruttomonatsverdienste als gerechtfertigtem Abfindungsbetrag für den prognostizierten wirtschaftlichen Nachteil und der durchschnittlichen Betriebszugehörigkeit der einzelnen Altersgruppen kann nun auf eine allgemeine Abfindungsformel geschlossen werden, die Eingang in den Sozialplan finden sollte. Beispiele für Berechnungsformeln zur Ermittlung der Abfindungsbeträge finden sich in Kap. 6.1 (Rz. 365 ff.). Dabei ist zu berücksichtigen, dass der Abfindungsbetrag als Bruttobetrag gezahlt wird, der den Entlassenen nicht vollständig zufließt. Daher sollte eine angemessene Anhebung versucht werden.

312 Aus der Abfindungsformel und der Zahl und Struktur der vom Arbeitsplatzverlust voraussichtlich betroffenen Beschäftigten errechnet sich der weitaus größte Teil des Sozialplanvolumens, das in den Verhandlungen zu den umstrittensten Fragen gehört (vgl. „Vorbereitung der Verhandlungen", Rz. 331 ff.).

313 Ein weiterer Regelungsschwerpunkt im Sozialplan ist die Sicherung betrieblicher oder tariflicher Sozialleistungen mindestens im Jahr des Ausscheidens.

Dies betrifft vor allem folgende Leistungen:

▶ Urlaub und Urlaubsgeld
▶ tarifliche Sonderzahlungen/Weihnachtsgeld
▶ vermögenswirksame Leistungen
▶ Dienstjubiläen
▶ Wohnrecht in Werkswohnungen
▶ Arbeitgeberdarlehen
▶ Bezug von Sachleistungen bzw. Einkaufsvorteile
▶ Fortführung der betrieblichen Altersversorgung zur Sicherung der Unverfallbarkeit der Anwartschaft.

314 Die Ansprüche ausscheidender Arbeitnehmer/-innen auf Urlaub und Urlaubsgeld, Jahressonderzahlungen/Weihnachtsgeld und vermögenswirksame Leistungen sind häufig tarifvertraglich geregelt. Da jedoch der Tarifvorbehalt des § 77 Abs. 3 BetrVG gerade für den Sozialplan ausdrücklich nicht gilt, kann der Betriebsrat auch hier über den Tarifvertrag hinausgehende Forderungen stellen. Soweit es sich um Geldleistungen handelt, sollten diejenigen Beträge, die über tarifliche Regelungen hinaus vereinbart werden, die Abfindung erhöhen, weil sie dann geringfügig steuerbegünstigt und sozialversicherungsfrei gezahlt werden können.

315 Sämtliche Zahlungsansprüche können nur dann von den Erben eines vor dem Beendigungstermin verstorbenen Arbeitnehmers weiterverfolgt werden, wenn der Sozialplan dies ausdrücklich so vorsieht (BAG vom 25.09.1996 – 10 AZR 311/96, AiB 1997, 296).

316 Festlegungen in Zusammenhang mit dem Ausscheiden aus dem Unternehmen sind ein weiterer Regelungsbereich im Sozialplan. Dabei geht es u.a. um folgende Fragen:

► Möglichkeit der Abkürzung von Kündigungsfristen auf Wunsch der betroffenen Arbeitnehmer/-innen wegen der Aufnahme einer neuen Tätigkeit bei Anhebung der Abfindung um Teile der hierdurch eingesparten Vergütung (sogenannte „Turbo-Klausel" oder „Sprinter-Prämie")

► zeitweise Freistellung von der Arbeit zur Arbeitsplatzsuche unter Fortzahlung des Entgelts

► Unterstützung bei der Arbeitsplatzsuche (z.B. Outplacementberatung, Bewerbungstraining, Hilfe beim Anfertigen von Lebensläufen und Bewerbungsschreiben)

► Wiedereinstellungsklauseln.

317 Die Arbeitgeber sind häufig bestrebt, die Beendigung von Arbeitsverhältnissen durch den Abschluss von Aufhebungsverträgen zu erreichen. Damit wollen sie vor allem lästige Kündigungsschutzklagen und meist auch eine sonst erforderliche Sozialauswahl vermeiden. Nicht selten lassen sich Arbeitnehmer/-innen hierauf ein, um den Makel des Gekündigt-Seins zu vermeiden. Dabei müssen allerdings die Folgen, die ein solches Verhalten auf die Ansprüche gegenüber der Agentur für Arbeit haben kann, berücksichtigt werden. Diese sind in Kap. 6.2 dargestellt („Agentur für Arbeit und Finanzamt verdienen mit", Rz. 380 ff.).

318   Im Sozialplan sollte daher geregelt werden, dass

▶ Arbeitnehmer/-innen vor Abschluss eines Aufhebungsvertrags über die damit verbundenen Risiken aufgeklärt werden (Sperrzeiten und Ruhezeiten)

▶ ausdrücklich im Aufhebungsvertrag vermerkt wird, dass dieser anstelle einer arbeitgeberseitigen betriebsbedingten Kündigung unter Einhaltung der Kündigungsfrist geschlossen wurde

▶ Arbeitnehmer/-innen, die durch Aufhebungsvertrag ausscheiden, nicht schlechter gestellt werden als bei einer arbeitgeberseitig ausgesprochenen Kündigung

▶ durch den Aufhebungsvertrag entstehende Nachteile im Bereich der Arbeitslosenversicherung durch den Arbeitgeber ausgeglichen werden

▶ der Aufhebungsvertrag den Betroffenen die Möglichkeit lässt, ihn innerhalb einer kurzen Zeitspanne zu widerrufen.

319   Günstig ist es, ein Muster eines solchen Aufhebungsvertrags mit den wesentlichen Regelungen in den Sozialplan als Anhang aufzunehmen. Die Widerrufsfrist kann sich beispielhaft an der manteltarifvertraglichen Regelung für den Einzelhandel in Nordrhein-Westfalen orientieren. Danach beträgt die Bedenkzeit drei Tage.

5.1.6 Durchsetzungsstrategien

320   Um zu angemessenen Ergebnissen zu kommen, muss der Betriebsrat die verschiedenen Handlungsmöglichkeiten strategisch verknüpfen. Im Wesentlichen teilen sich die Handlungsmöglichkeiten in zwei Gruppen:

▶ betriebspolitische Maßnahmen

▶ rechtliche Maßnahmen.

321   In der Praxis findet sich häufig eine zu starke Betonung der juristischen Möglichkeiten, weil hierfür ein überschaubarer und scheinbar kalkulierbarer Maßnahmenkatalog existiert, wie er auch in diesem Buch beschrieben wird: Der Abschluss von Vereinbarungen mit vorgegebenen Inhalten, die Unterstützung durch Sachverständige und die Inanspruchnahme von Arbeitsgericht und Einigungsstelle. Zu kurz kommen dabei aber betriebspolitische Maßnahmen, deren Wirkungsweise und Effektivität sich vorher schwerer abschätzen lassen.

322   Unter betriebspolitischen Maßnahmen sind alle betrieblichen Handlungsmöglichkeiten des Betriebsrats zu verstehen, die die Belegschaft

einbeziehen. Hierzu gehören etwa Abteilungs- und Betriebsversammlungen, Informationsblätter, Befragungen, Unterschriftenaktionen, „Dienst-nach-Vorschrift"-Aktionen, Verweigerung von Mehrarbeit. Regelrechte Arbeitskämpfe sind dagegen durch § 74 Abs. 2 BetrVG untersagt. Allerdings kann parallel zu den Bemühungen des Betriebsrats die Gewerkschaft einen Arbeitskampf um einen Sozialtarifvertrag führen, der denselben Zweck wie ein Sozialplan hat. Diese Möglichkeit besteht auch während der Friedenspflicht aus einem gültigen Branchentarifvertrag (BAG vom 24.04.2007 – 1 AZR 252/06, AiB 2007, 732–735). Erfahrungsgemäß reagiert der Arbeitgeber auf solche Maßnahmen sehr sensibel, denn er ist an Ruhe im Betrieb interessiert. Daher genügt häufig das glaubhafte Androhen solcher Aktionen, um den Arbeitgeber zu Zugeständnissen zu bewegen.

323　　　Als rechtliche Handlungsmöglichkeiten stehen dem Betriebsrat zur Verfügung:

▶ arbeitsgerichtliche Durchsetzung des Informations- und Beratungsrechts gem. § 111 BetrVG
▶ Antrag auf Erlass einer einstweiligen Verfügung auf Unterlassung von Kündigungen (Näheres unter Rz. 414)
▶ Einigungsstelle gem. § 109 BetrVG zur Durchsetzung des Informationsanspruchs des Wirtschaftsausschusses, soweit ein solcher besteht
▶ Einschaltung der Agentur für Arbeit als Vermittlerin für einen Interessenausgleich und Sozialplan
▶ Einschaltung der Einigungsstelle zur Verhandlung von Interessenausgleich und/oder Sozialplan gem. § 112 Abs. 3 und 4 BetrVG
▶ Organisation individualrechtlicher Klagen betroffener Arbeitnehmer/-innen nach § 113 BetrVG (Nachteilsausgleich)
▶ Ordnungswidrigkeitsverfahren nach § 121 Abs. 1 BetrVG, weil der Arbeitgeber seiner Informationspflicht nicht richtig nachkommt
▶ intensive Wahrnehmung der Mitbestimmungsrechte im Bereich sozialer Angelegenheiten (§ 87 BetrVG) sowie bei personellen Einzelmaßnahmen (§§ 99 und 102 BetrVG)
▶ Hinzuziehung von Sachverständigen gem. § 80 Abs. 3 BetrVG.

324　　　Der Betriebsrat muss im Vorfeld der Verhandlungen überlegen, welche dieser Maßnahmen in der jeweils konkreten Situation am geeignetsten sind, um den Arbeitgeber zu Zugeständnissen zu bewegen. Dabei ist auch zu beachten, dass bestimmte Maßnahmen eine z.T. beträchtliche Vorlaufzeit beanspruchen. Daher sind alle erforderlichen Vorbereitungen wie etwa die

Kontaktaufnahme mit Rechtsanwälten/Rechtsanwältinnen und infrage kommenden Einigungsstellenvorsitzenden bereits im Vorfeld durchzuführen.

325   Der Betriebsrat muss sich bei all diesen Maßnahmen darüber im Klaren sein, dass auf deren Ankündigung auch Taten folgen sollten, will er nicht den Eindruck erwecken, er sei ein bloßer „Papiertiger".

326   Alle Handlungsalternativen können auch dazu genutzt werden, die Prozesse aufseiten des Arbeitgebers lediglich zu verzögern, um ihn wegen des erhöhten Zeitdrucks zu Zugeständnissen zu bewegen. Diese Möglichkeit ergibt sich insbesondere in Zusammenhang mit den rechtlichen Handlungsmöglichkeiten (z.B. einstweilige Verfügung, Streit um die Einsetzung der Einigungsstelle, Hinzuziehung der Agentur für Arbeit als Vermittlerin).

327   Ein weiterer Effekt der Verzögerung besteht darin, den Zeitpunkt von nachteiligen Maßnahmen wie insbesondere Kündigungen hinauszuschieben und durch die so bewirkte Verlängerung der Dauer der Betriebszugehörigkeit u.U. auch Rechte wie betriebliche Altersversorgung, Anspruch auf Arbeitslosengeld usw. zu sichern und Kündigungsfristen zu verlängern.

5.1.7 Effektive Organisation

328   All diese Überlegungen bleiben letztlich wirkungslos, wenn es dem Betriebsrat nicht gelingt, seine Arbeit effektiv zu organisieren. Dazu gehören:
- ▶ Zeitliche Festlegung von Arbeitsschritten (Meilensteine)
- ▶ Bildung von Arbeitsgruppen in größeren Gremien
- ▶ Schulung der Betriebsratsmitglieder für ihre jeweiligen Aufgaben
- ▶ Freistellung der Betriebsratsmitglieder im erforderlichen Umfang
- ▶ Verteilung der Arbeit auf möglichst viele Schultern
- ▶ rechtzeitige Einschaltung der Gewerkschaft
- ▶ Hinzuziehung eines Sachverständigen
- ▶ Einbeziehung der Belegschaft.

329   Erst wenn die Informations- und Vorbereitungsphase abgeschlossen ist, sollten die Verhandlungen mit dem Arbeitgeber über den Abschluss eines Interessenausgleichs und Sozialplans aufgenommen werden.

5.2 Verhandlungsphase

330   Die Verhandlungsphase lässt sich in drei Teilphasen gliedern:
▶ Vorbereitung der anstehenden Verhandlungsgespräche
▶ Durchführung der Verhandlungen
▶ Beendigung der Verhandlungen.

5.2.1 Vorbereitung der Verhandlungen

331   Nachdem die Informations- und Vorbereitungsphase abgeschlossen ist, geht es darum, die nun anstehenden Verhandlungen mit dem Arbeitgeber vorzubereiten.

332   Zunächst sollte der Betriebsrat seine Verhandlungsdelegation bestimmen und eine Rollen- und Aufgabenverteilung der Delegationsmitglieder vornehmen. Die Erfahrung zeigt, dass es sich in einer größeren Gruppe nicht gut verhandeln lässt. Eine Begrenzung der Verhandlungsdelegation auf im Regelfall nicht mehr als fünf Personen einschließlich der zur Unterstützung hinzugezogenen externen Berater/-innen (Gewerkschaftssekretäre, Sachverständige) ist sinnvoll.

333   Die beteiligten Betriebsratsmitglieder sollten möglichst aus von der Betriebsänderung betroffenen Bereichen kommen und über betriebswirtschaftliches Grundwissen oder zumindest Verständnis verfügen. Bei der Auswahl der Delegationsmitglieder ist darauf zu achten, dass sie während der gesamten Verhandlungsdauer, die sich über etliche Wochen erstrecken kann, zur Verfügung stehen. Auch an die Bestimmung mindestens zweier weiterer Betriebsratsmitglieder zu Ersatzleuten muss gedacht werden. Diese sollten an allen Vor- und Nachbereitungssitzungen teilnehmen, damit sie jederzeit einsatzbereit sind.

334   Die Verhandlungsführung für den Betriebsrat sollte ein Mitglied, in der Regel die/der Vorsitzende, übernehmen. Aufgrund ihrer Erfahrung wird diese Funktion in der Praxis jedoch häufig den externen Beratern/Beraterinnen übertragen. Dies ist i.d.R. ungünstig, weil leicht der Eindruck entstehen kann, dass die in den Verhandlungen erhobenen Forderungen nicht die des Betriebsrats und der Belegschaft, sondern der Gewerkschaft oder des Sachverständigen sind. Eine solche Verhandlungsführerschaft ist auch durch die Rolle des Sachverständigen nicht gedeckt (BAG vom 13.05.1998 – 7 ABR 65/96). Besser ist es, wenn sich der oder die Sachverständige auf die inhaltliche oder rechtliche Begründung der Forderung

des Betriebsrats konzentriert und gegenteilige Auffassungen der Arbeitgeberseite in der Sache widerlegt. Gewerkschaftsvertreter/-innen sollten sich auf Tarif-, Rechts- und Arbeitsmarktfragen konzentrieren. Soll ein Sachverständiger als Sprecher oder Verhandlungsführer auftreten, muss er zusätzlich durch Beschluss des Betriebsrats zum Verfahrensbevollmächtigten bestellt werden. Dann ist auch eine Entscheidung darüber zu treffen, in welchem Umfang er verbindliche Erklärungen für den Betriebsrat abgeben darf.

335   Die übrigen Betriebsratsmitglieder der Verhandlungskommission haben vor allem die Aufgabe, ihre konkreten Erfahrungen bzw. Kenntnisse über die zu befürchtenden Auswirkungen der Betriebsänderung auf ihre jeweiligen Bereiche einzubringen. Sie sollten Behauptungen der Arbeitgeberseite überprüfen und ggf. korrigieren sowie die Umsetzbarkeit der Interessenausgleichsvorschläge des Betriebsrats in ihren Bereichen verdeutlichen. Selbstverständlich gewinnt jede Verhandlung ihre Eigendynamik, und die vorstehenden Empfehlungen dürfen nicht als starre Vorgabe missverstanden werden, die jede Kreativität ersticken würde.

336   Es ist weiterhin sinnvoll, wenn der Betriebsrat sich einen Zeitplan für die Verhandlungen erstellt. Dies erleichtert vor allem auch die Verfügbarkeit der externen Kommissionsmitglieder und gewährleistet am ehesten, dass die Verhandlungskommission immer in der gleichen Zusammensetzung tagen kann. Dabei muss zwischen den einzelnen Gesprächsrunden ausreichend Zeit für interne Beratungen bleiben. Eine solche Zeitplanung ist auch hilfreich, um sich gegen einen vom Arbeitgeber möglicherweise ausgeübten Zeitdruck besser wehren zu können. In diesem Zusammenhang ist es wichtig, sich über mögliche Zeitplanungen des Arbeitgebers im Klaren zu sein, der etwa immer darauf achten muss, dass sich durch die Dauer der Verhandlungen die Kündigungstermine nicht verschieben oder sich sogar Kündigungsfristen verlängern.

337   Zur Vorbereitung der Verhandlungsgespräche gehört selbstverständlich auch die Festlegung der Verhandlungstaktik und möglicher akzeptabler Kompromisslinien. Die eigene Verhandlungstaktik orientiert sich sinnvollerweise auch an der erwarteten Arbeitgebertaktik. In diesem Zusammenhang ist es von entscheidender Bedeutung, ob man Interessenausgleich und Sozialplan getrennt oder gemeinsam verhandelt.

338   Häufig haben Arbeitgeber ein großes Interesse daran, zunächst nur über den Interessenausgleich zu verhandeln und diesen möglichst zügig abzuschließen, um die Hände zur Umsetzung der mit der Betriebsänderung verbundenen personellen Maßnahmen frei zu haben. Beim Sozialplan kön-

nen sie dann auf Zeit spielen, wohl wissend, dass der Betriebsrat vonseiten der Arbeitnehmer/-innen unter Druck gerät, weil die natürlich erfahren wollen, woran sie sind. Im Übrigen ergibt sich so i.d.R. die Möglichkeit, die Forderungen des Betriebsrats gerade in der Einigungsstelle wegen der inzwischen eingetretenen Entwicklung nach unten zu drücken (vgl. „Einigungsstelle", Rz. 90 ff.).

339   Damit verschlechtert sich die Verhandlungsposition des Betriebsrats beim Sozialplan erheblich. Der Betriebsrat hat in einer solchen Situation nicht die Möglichkeit, seinerseits den Arbeitgeber unter Druck zu setzen, indem er seine Unterschrift unter den Interessenausgleich verweigert, solange nicht akzeptable Sozialplanbedingungen vereinbart sind. Daher ist es in aller Regel sinnvoll, wenn der Betriebsrat die Linie verfolgt, dass der Interessenausgleich nicht vor dem Sozialplan unterschrieben wird.

340   Wer schon einmal an solchen oder anderen Verhandlungen teilgenommen hat, weiß, dass Ergebnisse immer in Form von Kompromissen gefunden werden. Daraus folgt zum einen, dass der Betriebsrat nicht nur das fordern darf, was er letztlich in den Verhandlungen erreichen will. Seine Forderungen müssen also einerseits über das angestrebte Ergebnis hinausgehen; andererseits dürfen sie aber auch nicht unrealistisch erhöht sein, weil sie dann von der Arbeitgeberseite zu Recht nicht ernst genommen werden.

341   Zur Vorbereitung der Verhandlungen gehört es auch, dass sich der Betriebsrat über mögliche Kompromisslinien verständigt. Es geht um die Frage, was er dem Arbeitgeber in den Verhandlungen anbieten kann, um diesen seinerseits zu Zugeständnissen zu bewegen. Wichtig ist in diesem Zusammenhang die Einschätzung, ob mit dem Arbeitgeber ein für die Belegschaft akzeptables Ergebnis auf dem Verhandlungsweg erreichbar ist. Wird das voraussichtlich nicht der Fall sein, dann ist es eher schädlich, wenn der Betriebsrat in den Verhandlungen anfängt, Kompromissvorschläge zu unterbreiten und von seinen (Minimal-)Positionen langsam abzurücken.

342   Führt dies nicht zu einem entsprechenden Nachgeben auf Arbeitgeberseite und scheitern die Verhandlungen deshalb, dann werden sie in der Einigungsstelle fortgeführt. Erfahrungsgemäß beginnen geübte Einigungsstellenvorsitzende dort, wo die Verhandlungen zwischen Arbeitgeber und Betriebsrat geendet haben. Bereits im Vorfeld der Einigungsstelle aufgegebene oder abgeschwächte Positionen sind dann kaum noch rückholbar. Das gilt für beide Seiten.

343   Ein besonderes Problem stellen in diesem Zusammenhang die Verhandlungen über die Höhe des Sozialplanvolumens dar. Die Summe

aller im Sozialplan vereinbarten geldwerten Leistungen ist das Sozialplan- volumen. Dies ist nur dann exakt ermittelbar, wenn bei Abschluss des Sozialplans die betroffenen Arbeitnehmer/-innen nach Anzahl, Betriebs- zugehörigkeit, Einkommen, sozialen Verhältnissen und erwarteten wirt- schaftlichen Nachteilen feststehen, was häufig jedoch nicht der Fall ist. Dann sind nur Hochrechnungen aufgrund plausibler Annahmen über den voraussichtlich betroffenen Personenkreis möglich.

344   Um das Gesamtvolumen eines Sozialplans wird in den Verhand- lungen i.d.R. am härtesten gestritten. Da die Sozialplankosten den Unter- nehmensgewinn schmälern oder einen Verlust entsprechend erhöhen, muss die Arbeitgeberseite bestrebt sein, die zu vereinbarenden Sozialplan- leistungen möglichst gering zu halten. Dies entspricht ihrem wirtschaft- lichen Interesse.

345   Die überwiegende Praxis von Sozialplanverhandlungen orientiert sich am Modell der Tarifverhandlungen. Der Betriebsrat eröffnet mit einer Maximalforderung die Verhandlungen und der Arbeitgeber reagiert hierauf mit einem Minimalangebot. Schließlich einigt man sich irgendwo dazwischen. Ähnlich verlaufen die Verhandlungen auch in der Einigungsstelle, wenn die freien Verhandlungen scheitern. Dieses Vorgehen ist zwar für alle Seiten durchschaubar und eigentlich lehnt es jeder als „Theater" ab, gleichwohl gibt es in vielen Konstellationen keine Alternative hierzu, weil man sich über die Absichten und Ziele seines Gegenübers nicht sicher sein kann.

346   Der Betriebsrat kann jedoch bei einem Arbeitgeber, der Argumenten zugänglich ist, alternativ dazu folgenden Weg einschlagen: Die Ausgangs- forderung muss sich an den zu erwartenden wirtschaftlichen Nachteilen der voraussichtlich betroffenen Arbeitnehmer/-innen ausrichten, darf aber den möglichen Kompromiss nicht vorwegnehmen. Falls das hieraus resultierende Sozialplanvolumen für das Unternehmen wirtschaftlich nicht zumutbar ist, hat der Arbeitgeber dies plausibel darzulegen. Behauptungen wie z.B. „viel zu teuer", „wirtschaftlich nicht zu verkraften" oder „überzogene Forderungen" sollten den Betriebsrat nicht beeindrucken.

347   Weigert sich der Arbeitgeber, den Beweis für die wirtschaftliche Unvertretbarkeit des Sozialplanvolumens zu führen, dann gibt es keinen Grund, von der Ausgangsforderung abzuweichen. Schließlich hat der Sozial- plan die Funktion, erwartete wirtschaftliche Nachteile für die Betroffenen auszugleichen; nur wenn das für das Unternehmen nachweisbar wirtschaft- lich nicht zu verkraften ist, dann sind die wirtschaftlichen Nachteile in dem Umfang abzumildern, wie dies für das Unternehmen gerade noch vertretbar

ist. Dies ist nicht nur von der Interessenlage der Beteiligten her gerechtfertigt. Schließlich fragt auch niemand danach, ob der Verlust des Arbeitsplatzes für die Betroffenen wirtschaftlich vertretbar ist.

348   Handelt es sich bei dem Unternehmen um ein Konzernunternehmen, dann kann in bestimmten Fällen auf die wirtschaftliche Vertretbarkeit für die Konzernmutter abgestellt werden. Die Einigungsstelle kann das in einer Entscheidung aber nur dann, wenn durch die Konzernmutter dergestalt in die Leitung des abhängigen Unternehmens eingegriffen wurde, dass dessen wirtschaftliche Interessen beeinträchtigt wurden (BAG vom 23.10.1996 – 3 AZR 514/95, n.v.).

349   Das Volumen, mit dem die Einigungsstelle den Sozialplan ausstattet, kann durchaus so bemessen sein, dass es das Unternehmen an den Rand der Existenzgefährdung bringt (BAG vom 09.11.2004 – 1 ABR 11/02) oder für seine Ertragskraft einschneidend ist (BAG vom 17.10.1989 – 1 ABR 80/88). Beide Entscheidungen zeigen, wie weit der Rahmen gespannt ist und wie wenig rechtliche Hürden es in diesem Punkt gibt – unabhängig davon, dass eine tatsächliche Gefährdung auch nicht im Interesse des Betriebsrats ist. Praktisch alle rechtlichen Argumente des Arbeitgebers gegen die Ausstattung des Sozialplans sind mit dieser Rechtsprechung widerlegt.

350   Ein sinnvoller Maßstab können die zu erwartenden Kosteneinsparungen durch die Betriebsänderung sein, die der Arbeitgeber zu diesem Zweck zu berechnen hat. Das Sozialplanvolumen sollte dann mindestens die Einsparungen eines Jahres abbilden, kann aber auch durchaus darüber hinausgehen. Es muss – in der Sprache des Gesetzes – wirtschaftlich vertretbar sein, wovon auszugehen ist, wenn auch die Einsparungen von Dauer sind. Gelingt es dem Arbeitgeber nicht, überzeugend darzulegen, dass ein vom Betriebsrat geforderter Sozialplan wirtschaftlich unvertretbar ist, kommt oft der Einwand, er sei nicht zu bezahlen. Damit ist gemeint, dass die häufig zu einem Zeitpunkt fällig werdenden Sozialplanleistungen die Liquidität des Unternehmens überfordern würden. Für den Betriebsrat ist in diesem Zusammenhang wichtig zu wissen, dass es nicht nur auf die aktuelle Liquiditätslage des Unternehmens ankommt, sondern darauf, dass der Arbeitgeber eine ausreichende Liquiditätslage zur Finanzierung des Sozialplans ggf. erst herstellen muss, etwa indem das Unternehmen nicht betriebsnotwendiges Vermögen wie z.B. Finanzanlagen veräußert oder einen Kredit aufnimmt. Maßstab für die Finanzierbarkeit eines Sozialplans sind keinesfalls der Barbestand der Portokasse oder bislang vorgenommene Rückstellungen.

351   In Situationen, wo die Finanzierbarkeit eines Sozialplans nachvollziehbar problematisch ist, sollte der Betriebsrat, statt von seinen Forderungen abzurücken, besser die Auszahlung der Leistungen in Raten vereinbaren. Dann müssen die Ansprüche der Arbeitnehmer/-innen aber abgesichert werden, damit sie nicht im Fall einer späteren Insolvenz untergehen. Auch die steuerlichen Folgen einer solchen Verteilung sind zu berücksichtigen, allerdings bestehen seit der Streichung der Steuerfreibeträge für Abfindungen keine so gravierenden Unterschiede mehr zwischen der Auszahlung der Abfindung in einer Summe oder in mehreren Teilbeträgen.

352   Häufig wird der Betriebsrat mit den von der Arbeitgeberseite vorgelegten „Beweisen" für die wirtschaftliche Unvertretbarkeit in Form von Bilanzen, kurzfristigen Erfolgsrechnungen, ausgeschöpften Kreditlinien und diversen Planungsunterlagen wenig anfangen können. Hier empfiehlt sich dringend die Hinzuziehung eines betriebswirtschaftlich versierten Sachverständigen gem. § 111 bzw. § 80 Abs. 3 BetrVG, der die Unterlagen sichtet, auswertet und den Betriebsrat hinsichtlich der wirtschaftlichen Zumutbarkeit des geforderten Sozialplanvolumens berät.

353   Schließlich geht es bei der Vorbereitung der Verhandlungen auch darum, den Einsatz möglicher Machtmittel einzuplanen. Dies sind insbesondere arbeitsgerichtliche Verfahren und die Behinderung der Umsetzung der Pläne des Arbeitgebers in Bereichen, die der erzwingbaren Mitbestimmung unterliegen, evtl. auch das Umschalten auf die Forderung nach einem Sozialtarifvertrag, für den die Gewerkschaft dann auch einen Arbeitskampf führen kann. Bei der Entscheidung darüber, welche Druck- und Machtmittel wann eingesetzt werden sollen, ist zum einen zu beachten, dass nicht sofort die schwersten Geschütze aufgefahren werden, sondern Steigerungsmöglichkeiten gegeben sein müssen. Zum anderen sind mögliche Reaktionen des Arbeitgebers und deren Wirkung vor allem auf die Belegschaft in die Überlegungen einzubeziehen.

5.2.2 Durchführung der Verhandlungen

354   Sind die hier beschriebenen Vorbereitungen abgeschlossen, können die Verhandlungen mit dem Arbeitgeber aufgenommen werden. Da der Verlauf solcher Verhandlungen wesentlich von den handelnden Persönlichkeiten beider Seiten geprägt wird, ist es nicht möglich, ihn generell zu beschreiben. Wir wollen uns deshalb auf Grundsätze der Verhandlungsführung beschränken.

355   Die Mitglieder der Verhandlungsdelegation sollten folgende Grundsätze beherzigen:

▶ eigene Verhandlungsentwürfe zur Gesprächsgrundlage machen

▶ möglichst immer in der gleichen Besetzung tagen

▶ sich nicht an Einzelpunkten festdiskutieren

▶ notfalls die Sitzung unterbrechen und sich neu untereinander abstimmen

▶ von jeder Sitzung Ergebnisprotokolle anfertigen und vom Arbeitgeber gegenzeichnen lassen

▶ keine faulen Kompromisse eingehen

▶ auf kompetente Verhandlungspartner drängen

▶ sich an die Absprachen bezüglich der Aufgaben- und Rollenverteilung halten

▶ sich nicht vom Arbeitgeber auf Nebenkriegsschauplätze abdrängen lassen

▶ den Einsatz der vorher abgesprochenen Machtmittel glaubhaft androhen

▶ sich gegenüber dem Arbeitgeber nicht zur Verschwiegenheit verpflichten.

355a   Verhandlungen sollten immer nur von der dafür eingesetzten Kommission des Betriebsrats geführt werden, nicht aber vom ganzen Gremium. Denn hier hätte es der Arbeitgeber in der Regel leicht, durch gezieltes Ansprechen von Vorbehalten oder Ängsten einzelner Mitglieder das Gremium auseinanderzudividieren. Solch ein Pluralismus an Haltungen ist für sich nichts Schlechtes und darf auch nicht einfach unter den Teppich gekehrt werden. Das ist aber ein interner Vorgang, der den Arbeitgeber nichts angeht. Mit ihm wird anhand des Ergebnisses des internen Meinungsbildungsprozesses, in den er sich nicht weitergehend einmischen können darf, als er es ohnehin betriebspolitisch tut, verhandelt. Die Betriebsratssitzung ist daher kein Ort, um mit dem Arbeitgeber zu verhandeln. Schließlich redet der Betriebsrat auch nicht auf der Vorstandssitzung mit und erfährt so auch nicht, wenn es dort zu Meinungsverschiedenheiten bezüglich der geplanten Betriebsänderung kommt.

5.2.3 Beendigung der Verhandlungen

356   Die Verhandlungen über einen Interessenausgleich und Sozialplan sind beendet, wenn es entweder zu einer Einigung zwischen Arbeitgeber und Betriebsrat gekommen ist oder wenn eine der beiden Betriebsparteien das Scheitern der Verhandlungen (nicht des Interessenausgleichs!) festgestellt hat und ggf. die Einigungsstelle angerufen wird.

357 In der Mehrzahl der Fälle, in denen die Einigungsstelle für die Verhandlung von Interessenausgleich und Sozialplan eingeschaltet wird, kommt es durch die Vermittlungsbemühungen der/des Vorsitzenden doch noch zu einvernehmlichen Ergebnissen. Passiert das nicht, stellt die oder der Vorsitzende das endgültige Scheitern des Interessenausgleichs fest; über den Sozialplan wird durch Spruch mit Mehrheit entschieden, wobei in einer erforderlich werdenden zweiten Abstimmung die/der Vorsitzende mitstimmt und ihre/seine Stimme i.d.R. den Ausschlag gibt.

5.3 Umsetzungsphase

358 Mit der Beendigung der Verhandlungen ist die Arbeit des Betriebsrats noch lange nicht beendet. Es verbleiben folgende Aufgaben:
- ▶ Unterrichtung der Belegschaft über das Verhandlungsergebnis
- ▶ Überwachung der Einhaltung der vom Arbeitgeber im Interessenausgleich und Sozialplan eingegangenen Verpflichtungen
- ▶ Wahrnehmung der Mitbestimmungsrechte bei der Durchführung der Betriebsänderung.

359 Üblicherweise informieren Arbeitgeber und Betriebsrat auf einer Betriebs- oder Abteilungsversammlung die betroffenen Beschäftigten über das Ergebnis der Verhandlungen. Sinnvoll ist es, die Beschäftigten nicht lediglich mit dem Text vom Sozialplan und Interessenausgleich alleinzulassen, sondern in einem Flyer o.Ä. deren wesentlichen Inhalte in einer Sprache und Form darzustellen, die mehr mit dem Alltag der Kolleginnen und Kollegen zu tun hat als die trockenen juristischen Texte, die als Ergebnis von Verhandlungen entstanden sind. Verständlichkeit ist dort nicht immer das oberste Gebot. Außerdem ist es zweckmäßig, spezielle Sprechstunden des Betriebsrats einzurichten, in denen sich die Betroffenen über ihre jeweilige Situation nach Abschluss des Interessenausgleichs und Sozialplans informieren können. Für fremdsprachige Arbeitnehmer/-innen ist es sinnvoll, den Interessenausgleich und Sozialplan und den Flyer auf Kosten des Arbeitgebers in die jeweilige Muttersprache übersetzen zu lassen.

360 Auch wenn die Einhaltung der im Interessenausgleich und Sozialplan vereinbarten Regelungen regelmäßig nicht vom Betriebsrat eingeklagt werden kann (wenn nicht ausdrücklich entsprechende Befugnisse des Betriebsrats darin festgeschrieben sind), so sollte der Betriebsrat doch in

jedem Fall aufmerksam beobachten, ob der Arbeitgeber die Vereinbarungen korrekt umsetzt.

361   Bei Verstößen gegen die Festlegungen im Interessenausgleich sollte der Betriebsrat die Beschäftigten informieren, damit sie einen Nachteilsausgleich gem. § 113 BetrVG einklagen können. Verweigert der Arbeitgeber die im Sozialplan vereinbarten Leistungen, so können nur die betroffenen Arbeitnehmer/-innen selbst ihre Ansprüche gerichtlich durchsetzen. Der Betriebsrat kann die Erfüllung von Sozialplanleistungen nicht gerichtlich erzwingen (BAG vom 17.10.1989 – 1 ABR 75/88).

362   Die Vereinbarung eines Interessenausgleichs bedeutet nicht, dass damit auch eine Zustimmung des Betriebsrats zu den bei der Umsetzung der Betriebsänderung erforderlich werdenden Maßnahmen verbunden ist. Er ist im Gegenteil gut beraten, wenn er seine Mitbestimmungsrechte bei der Umsetzung der Betriebsänderung sehr genau wahrnimmt.

363   Hierbei handelt es sich insbesondere um

▶ Versetzungen und Umgruppierungen (§ 99 BetrVG)

▶ Kündigungen (§ 102 BetrVG)

▶ Gestaltung der Arbeitsplätze, -abläufe und -umgebung (§§ 87 Abs. 1 Ziff. 7, 90, 91 BetrVG)

▶ Durchführung von Bildungsmaßnahmen und Auswahl der Teilnehmer/-innen (§§ 97, 98 BetrVG)

▶ Einführung von Kurzarbeit (§ 87 Abs. 1 Ziff. 3 BetrVG)

▶ Einführung von technischen Einrichtungen, die zur Leistungs- und Verhaltenskontrolle geeignet sein können (§ 87 Abs. 1 Ziff. 6 BetrVG)

▶ Durchführung von Massenentlassungen (§ 17 KSchG).

364   Insbesondere ist auch weiterhin die Anhörung gem. § 102 BetrVG zu Kündigungen erforderlich. Diese Pflicht besteht gem. § 1 Abs. 5 KSchG auch dann, wenn die betreffenden Personen im Interessenausgleich ausdrücklich namentlich genannt sind (BAG vom 23.12.2010 – 2 AZR 163/07). Damit ist nämlich nicht gesagt, dass der Arbeitgeber den Betriebsrat vor Unterzeichnung des Interessenausgleichs über die persönlichen Verhältnisse der Betroffenen in der Weise unterrichtet hat, wie die Rechtsprechung dies im Rahmen von § 102 BetrVG verlangt.

364a   Ist die Betriebsänderung mit einer Massenentlassung verbunden, muss der Arbeitgeber ein spezielles Verfahren gegenüber der Agentur für Arbeit einhalten. Macht er das nicht, sind gleichwohl ausgesprochene Kündigungen unwirksam (BAG vom 28.06.2012 – 6 AZR 780/10). Teil des

Verfahrens ist es, dem Betriebsrat Gelegenheit zu geben, zu der beabsichtigten Massenentlassung Stellung zu nehmen. Diese Stellungnahme wiederum muss der Agentur für Arbeit ebenfalls vorgelegt werden. Gibt der Betriebsrat keine Stellungnahme ab, muss der Arbeitgeber zumindest nachweisen, dass er ihn über die Maßnahmen so unterrichtet, wie § 17 Abs. 2 KSchG es vorsieht und dass dieser zwei Wochen Zeit hatte, sich zu äußern. Die Vorschrift verlangt eine Unterrichtung des Betriebsrats über folgende Sachverhalte:

---

§ 17 KSchG: Anzeigepflicht

(1) Der Arbeitgeber ist verpflichtet, der Agentur für Arbeit Anzeige zu erstatten, bevor er

1. in Betrieben mit in der Regel mehr als 20 und weniger als 60 Arbeitnehmern mehr als 5 Arbeitnehmer,
2. in Betrieben mit in der Regel mindestens 60 und weniger als 500 Arbeitnehmern 10 vom Hundert der im Betrieb regelmäßig beschäftigten Arbeitnehmer oder aber mehr als 25 Arbeitnehmer,
3. in Betrieben mit in der Regel mindestens 500 Arbeitnehmern mindestens 30 Arbeitnehmer

innerhalb von 30 Kalendertagen entläßt. Den Entlassungen stehen andere Beendigungen des Arbeitsverhältnisses gleich, die vom Arbeitgeber veranlaßt werden.

(2) Beabsichtigt der Arbeitgeber, nach Absatz 1 anzeigepflichtige Entlassungen vorzunehmen, hat er dem Betriebsrat rechtzeitig die zweckdienlichen Auskünfte zu erteilen und ihn schriftlich insbesondere zu unterrichten über

1. die Gründe für die geplanten Entlassungen,
2. die Zahl und die Berufsgruppen der zu entlassenden Arbeitnehmer,
3. die Zahl und die Berufsgruppen der in der Regel beschäftigten Arbeitnehmer,
4. den Zeitraum, in dem die Entlassungen vorgenommen werden sollen,
5. die vorgesehenen Kriterien für die Auswahl der zu entlassenden Arbeitnehmer,
6. die für die Berechnung etwaiger Abfindungen vorgesehenen Kriterien.

Arbeitgeber und Betriebsrat haben insbesondere die Möglichkeiten zu beraten, Entlassungen zu vermeiden oder einzuschränken und ihre Folgen zu mildern.

364b   Die Stellungnahme des Betriebsrats ist nur dann verzichtbar, wenn die Entlassung in der Insolvenz passiert und ein Interessenausgleich mit Namensliste vereinbart wurde. In allen anderen Fällen ist die Stellungnahme des Betriebsrats oder der Nachweis, dass er hierauf verzichtet hat, Voraussetzung für die Wirksamkeit der Kündigungen.

364c   Allerdings kann die Stellungnahme auch direkt in den Interessenausgleich aufgenommen werden (BAG vom 21.03.2012 – 6 AZR 596/10). Will der Betriebsrat das nicht, sollte er es ausdrücklich festhalten, entweder im Interessenausgleich selber oder in einer an den Arbeitgeber gerichteten Stellungnahme. Anderenfalls kann es ihm passieren, dass Gerichte später in den Text etwas hineinlesen, was er dort überhaupt nicht hat vereinbaren wollen.

6 Anhang

6.1 Berechnungsformeln für Abfindungen

365   Gerechtigkeit bei Abfindungen gibt es nicht. Der Verlust des Arbeitsplatzes ist für die einen ein elementarer Einschnitt in ihr Leben, weil sie auch emotional im Unternehmen verwurzelt sind, für die anderen ein willkommener Anlass, mal wieder etwas Neues zu beginnen. Wer mit Anfang 50 in die Dauerarbeitslosigkeit entlassen wird, für den sind auch 40.000 Euro kaum der Rede wert, weil schnell verbraucht. Arbeitnehmer/-innen, die unmittelbar bei einem anderen Arbeitgeber ein neues Arbeitsverhältnis eingehen, können die Abfindung dagegen durchaus für ein bisschen Luxus einsetzen.

366   Diese ungleichen Auswirkungen desselben Vorgangs sind betrieblich nicht in den Griff zu bekommen, weil hier nur eine formale Gleichheit herzustellen ist, die lediglich in Grenzen auf die wirklichen Folgen des Arbeitsplatzverlusts eingehen kann. Wichtig ist allerdings, sich bei den Verhandlungen über die Abfindungen nicht vom Ärger über die Gewinner der Betriebsänderung, sondern von den absehbaren Folgen für diejenigen mit den schlechtesten Aussichten leiten zu lassen.

367   Hergestellt wird diese formale Gerechtigkeit, indem die Abfindungshöhe an bestimmte Sachverhalte gekoppelt wird, die auf die Beschäftigten in unterschiedlichem Maße zutreffen. Dabei werden in der Regel die Kriterien

- ▶ Lebensalter
- ▶ Betriebszugehörigkeit
- ▶ Monatseinkommen
- ▶ Unterhaltungsverpflichtungen
- ▶ Schwerbehinderung

herangezogen.

368   Die meisten Abfindungen werden zunächst durch eine Rechnung mit den ersten drei Kriterien oder eine Punktezuordnung ermittelt. Unterhaltsverpflichtungen gegenüber Kindern oder anderen Angehörigen und bestehende Schwerbehinderungen führen dann zu einer Erhöhung der berechneten Abfindung.

369   **Formeln:**
Eine weitverbreitete Abfindungsformel lautet:

$$\frac{Lebensalter \times Betriebszugehörigkeit \times Bruttoeinkommen}{Divisor}$$

370   Der Größe des Divisors kommt die entscheidende Bedeutung für die Höhe der Abfindung zu. Der Quotient Lebensalter : Divisor bestimmt, wie viele Bruttomonatseinkommen pro Jahr der Betriebszugehörigkeit gezahlt werden. Die Verwendung des Faktors „Lebensalter" in dieser Form ist jedoch problematisch, weil damit gegen das Verbot der Altersdiskriminierung verstoßen wird. Sozialpläne dürfen nach Alter gem. § 10 Nr. 6 AGG nur dann unterscheiden, wenn damit gleichzeitig altersbedingte Erschwernisse auf dem Arbeitsmarkt abgebildet werden. Daher werden häufig altersgruppenspezifisch unterschiedliche Divisoren festgelegt. Wie diese Gruppen gesetzeskonform gebildet werden können, zeigt die folgende Abfindungsformel:

371   *Betriebszugehörigkeit x Bruttomonatseinkommen x Altersfaktor*

372   Die Besonderheit dieser Formel ist der differenzierte Altersfaktor, der die Anzahl der Bruttomonatseinkommen in der Abfindung pro Jahr der Betriebszugehörigkeit angibt. Statt einer pauschalen Differenzierung anhand des Lebensalters werden Gruppen gebildet, damit die Abfindungen sich tatsächlich bei denjenigen erhöhen, die altersbedingt größere Probleme auf dem Arbeitsmarkt haben.

373   Die erforderliche Differenzierung könnte z.B. so aussehen:

Altersgruppe	Divisor	Altersfaktor
< 31 Jahre	31,0	0,9
31–35 Jahre	32,5	1,0
36–40 Jahre	35,0	1,1
41–45 Jahre	35,5	1,2
46–50 Jahre	36,5	1,8
51–55 Jahre	37,5	1,4
56–60 Jahre	140,0	0,4

Sinnvoll ist es, sich über die tatsächlichen Probleme der Altersgruppen am Arbeitsmarkt zu informieren, damit nicht durch Pauschalierungen am Ziel vorbeigeschossen wird und diejenigen erhöhte Abfindungen bekommen, die aufgrund ihrer Erfahrungen bessere Chancen als vermutet haben.

374   Völlig verfehlt wäre es, auch die durchschnittliche wöchentliche Arbeitszeit mit zu einem bestimmenden Element zu machen, weil Teilzeitbeschäftigte dann doppelt benachteiligt sind: Die geringere Arbeitszeit schlägt sich schon beim Einkommen hinreichend nieder. Wenn die Abfindung dann noch einmal wegen der geringeren Arbeitszeit reduziert wird, schlägt sich der Umstand, teilzeitbeschäftigt zu sein, doppelt nieder – ein klarer Verstoß gegen das Benachteiligungsverbot des § 4 Abs. 1 TzBfG. Das BAG hat eine solche anteilige Berücksichtigung der Teilzeitbeschäftigung nur in einem Fall für rechtmäßig erklärt, in dem sich das geringere Einkommen während der Beschäftigung in Teilzeit nicht zusätzlich abfindungsmindernd ausgewirkt hat (BAG vom 14.08.2001 – 1 AZR 760/00).

Die Orientierung der Abfindung am Monatseinkommen ist zwar sehr verbreitet, aber nicht zwingend vorgeschrieben. Aus sozialen, aber auch aus taktischen Gründen kann es sinnvoll sein, die Abfindungen einkommensunabhängig für alle nach dem durchschnittlichen Monatseinkommen des gesamten Betriebs zu berechnen. Dies begünstigt die schlechter verdienenden Arbeitnehmer/-innen und wirkt sich auf die Abfindungshöhe für Spitzenverdiener ausgleichend aus. „Ausreißer" nach oben werden so vermieden und können vom Arbeitgeber nicht als Begründung für die Einführung von Abfindungshöchstbeträgen herangezogen werden.

375   **Tabellen:**
In selteneren Fällen werden auch Abfindungstabellen verwendet, wobei in der Tabelle in Abhängigkeit von Lebensalter und Betriebszugehörigkeit entweder die Anzahl der Bruttomonatseinkommen oder ein fester Euro-Betrag eingetragen wird (vgl. Übersicht auf der folgenden Seite).

376   **Kombinationen:**
Um der gesetzlichen Aufforderung, den Gegebenheiten des Einzelfalls gerecht zu werden, besser nachkommen zu können, werden Berechnungsformeln für die Abfindung verwendet, die mehrere Bestandteile haben:

▶ einem Sockelbetrag (der altersspezifisch unterschiedlich sein kann; für jüngere Arbeitnehmer/-innen ein niedrigerer und für ältere ein höherer)

▶ einem Steigerungsbetrag (der nach der Divisor-, Altersfaktor- oder Tabellenmethode berechnet werden kann)

▶ Erhöhungsbeträgen aus sozialen Gründen (z.B. für unterhaltsberechtigte Kinder, Alleinerziehende, Schwerbehinderte).

377   Abfindungstabelle

Vollendete Dienstjahre	Lebensalter bei Dienstaustritt bis 29	30–39	40–44	45–49	50–55	56–60
1	2.500	2.750	3.000	3.250	3.500	3.750
2	3.500	4.000	4.500	5.000	5.500	6.000
3	4.750	5.250	5.750	6.250	6.750	7.250
4	5.750	6.500	7.250	8.000	8.750	9.500
5	6.750	7.750	8.750	9.750	10.750	11.750
6	8.000	9.250	10.500	11.750	13.000	14.250
7	9.250	10.500	11.750	13.000	14.250	15.500
8	11.500	12.000	13.500	15.000	16.500	18.000
9	11.750	13.250	14.750	16.250	17.750	19.250
10	13.000	14.750	16.500	18.250	20.000	21.750
11	14.500	16.500	18.500	20.500	22.500	24.500
12	16.000	18.000	20.000	22.000	24.000	26.000
13	17.500	19.500	21.500	23.500	25.500	27.500
14	19.000	21.250	23.500	25.750	27.000	29.250
15		23.000	25.500	28.000	30.500	33.000
16		24.750	27.500	30.250	33.000	35.750
17		26.500	29.250	32.000	34.750	37.500
18		28.250	31.000	33.750	36.500	39.250
19		30.250	33.250	36.250	39.250	42.250
20		32.000	35.000	38.000	41.000	44.000
21		34.000	37.250	40.500	43.750	47.000
22		36.000	39.500	43.000	46.500	50.000
23		38.250	42.000	45.750	49.500	53.250
24		40.500	44.500	48.500	52.500	56.500
25		43.500	48.000	52.500	57.000	61.500

378 **Punkteverfahren:**
Beim Punkteverfahren werden den als relevant erachteten Sachverhalten Werte zugeordnet. Die Sachverhalte sind dieselben wie bei den bisher beschriebenen Methoden. Am Ende haben alle Beschäftigten aufgrund dieser Wertung eine Punktzahl auf ihrem Konto, die in Verbindung mit einem Punktwert die Höhe der Abfindung bestimmt.

379 Dieses Verfahren ist jedoch nur sinnvoll, wenn das Volumen des Sozialplans unwiderruflich feststeht, weil sich damit eine Relation zwischen den Betroffenen herstellen lässt. Dies ist aber nur der Fall, wenn das Unternehmen sich in der Insolvenz befindet. Ansonsten besteht keine Veranlassung, sich derartigen Beschränkungen zu unterwerfen (vgl. „Die Betriebsänderung in der Insolvenz", Rz. 392 ff.).

6.2 Agentur für Arbeit und Finanzamt verdienen mit

380 Die Zeiten, da Abfindungen für den Verlust des Arbeitsplatzes zu einem erheblichen Teil steuerfrei waren, sind lange vorbei. Heute zählen sie zum normalen Einkommen, genießen nur bei der Progression noch einen geringen Vorzug und sind von Abgaben zur Sozialversicherung befreit. Dabei ist die Befreiung von der Sozialabgabenpflicht der wirtschaftlich größere Vorteil. Auf Zahlungen der Agentur für Arbeit wirken sie sich jedoch dann nachteilig aus, wenn das Arbeitslosengeld I ausläuft und noch Vermögen aus der Abfindung vorhanden ist. Daher müssen sich Betriebsräte vermehrt mit Alternativen zur einfachen Auszahlung von Mitteln aus dem Sozialplan an die betroffenen Arbeitnehmer/-innen befassen. Hierzu gehören in erster Linie die bereits beschriebenen Qualifikationsmaßnahmen, die Einrichtung von Beschäftigungsgesellschaften oder auch schlicht die Verlängerung der Kündigungsfristen bei gleichzeitiger Freistellung. Was im Einzelfall das geeignete Instrument ist, kann nicht generell beantwortet werden, da die Umstände immer verschieden sind.

380a Die Befreiung von der Abgabenpflicht und die Steuerbegünstigung besteht nur für diejenigen Abfindungen, die als Ausgleich für den Verlust des Arbeitsplatzes bezahlt werden. Andere, ebenfalls in Sozialplänen vereinbarte Zahlungen an die Beschäftigten, etwa solche, die einen pauschalen Ausgleich für Einkommensreduzierungen vorsehen und gleichfalls häufig als Abfindungen bezeichnet werden, unterliegen der normalen Besteuerung. Damit fallen auch die normalen Abzüge zur Sozialversicherung an. Pauschalierte Zahlungen zum Ausgleich für verlängerte Wegezeiten

dagegen sind wiederum steuerfrei, wenn sie nicht über die steuerlich aner-
kannten Sätze (2013 : 0,30 Euro pro Kilometer) hinausgehen.

381   *Besteuerung*
Für das Finanzamt ist jede Abfindung zunächst einmal Einkommen, das der
Besteuerung unterliegt. Zahlungen zum Ausgleich für den Verlust des
Arbeitsplatzes auf Veranlassung des Arbeitgebers unterliegen einer
beschränkten Progression. Der dadurch erzielte Vorteil ist aber so gering,
dass es sich fast nicht lohnt, das Verfahren zu erläutern. Stattdessen soll
eine Beispielrechnung das Verfahren anschaulich machen:

Beispiel

382   ▶ 52-jähriger Arbeitnehmer, 17 Jahre Betriebszugehörigkeit
     ▶ Zu versteuerndes Jahreseinkommen   30.000 Euro
       Abfindung: 25.000 Euro

Steuern laut Grundtabelle 2013

▶ Steuern auf 30.000 Euro (ESt. und Soli)   4.237,80 Euro
   Abfindung   25.000 Euro
   davon ein Fünftel   5.000 Euro

▶ Steuern auf Einkommen + 1/5 Abfindung
                          = 35.000 Euro   5.643,19 Euro
   Differenz   1.369,39 Euro
   Differenz x 5   6.846,39 Euro

   zuzüglich Steuer auf 30.000 Euro   4.273,80 Euro
   Steuer gesamt: 11.120,75 Euro

▶ Ohne die Teilungsregel würde die Steuerbelastung auf das Gesamteinkommen
12.305,52 Euro betragen.

383   Steuerlich kann es von Vorteil sein, die Auszahlung der Abfindung auf zwei
Kalenderjahre zu verteilen oder ganz in das Folgejahr zu verschieben.
Zumindest dann, wenn absehbar ist, dass im auf die Vertragsauflösung
folgenden Jahr der Verdienst geringer sein wird, etwa weil längere
Arbeitslosigkeit zu erwarten ist, bietet sich dies an. Allerdings müssen die
näheren Voraussetzungen vorher mit einem Steuerberater geklärt werden.

Das Finanzamt akzeptiert eine solche Verteilung nämlich nur unter relativ engen Voraussetzungen. Letztlich kann der Sozialplan allerdings nur die Möglichkeit eines solchen Splittings oder der Verschiebung der Auszahlung vorsehen, muss die Entscheidung darüber aber den Betroffenen selbst überlassen. Ist nicht auszuschließen, dass das Unternehmen über kurz oder lang in die Insolvenz geht, sollten die Arbeitnehmer/-innen lieber auf diesen steuerlichen Vorteil verzichten und zusehen, dass sie ihr Geld bekommen, solange noch welches vorhanden ist.

Keinerlei Steuervorteil genießen andere Leistungen aus dem Sozialplan wie etwa Zuschüsse zu Fahrtkosten, Ausgleichszahlungen für Einkommensverluste usw. Diese unterliegen der regulären Besteuerung, auch die Abgaben zur Sozialversicherung fallen in voller Höhe an.

384   *Arbeitslosengeld I*
Neben dem Finanzamt versucht u.U. auch die Agentur für Arbeit, von der Abfindung zu profitieren. Gegenwärtig geschieht dies vor allem dann, wenn die Kündigungsfrist nicht eingehalten wird. Daneben kann die Zahlung einer Abfindung auch dazu beitragen, dass die Bundesagentur für Arbeit vermutet, man habe sein Arbeitsverhältnis ohne Grund leichtfertig aufgegeben. Dann droht – soweit die Kündigungsfrist nicht verkürzt wurde – zwar keine Anrechnung der Abfindung auf das Arbeitslosengeld I, es wird jedoch eine 12-wöchige Sperrzeit verhängt.

385   *1. Verkürzung der Kündigungsfrist*
Wurden bei der Beendigung des Arbeitsverhältnisses die geltenden Kündigungsfristen unterschritten und gleichzeitig eine Abfindung gezahlt, geht die Arbeitsverwaltung davon aus, dass in der Abfindung ein Bestandteil von Arbeitsentgelt für diese Zeit enthalten ist. Deshalb ruht das Arbeitslosengeld I maximal bis zum theoretischen Ablauf der Kündigungsfrist, höchstens aber ein Jahr. Diese Gefahr besteht jedoch nicht beim Wechsel in eine Transfergesellschaft, obwohl auch hier in der Regel die Kündigungsfrist verkürzt oder sogar ganz darauf verzichtet wird. Der Grund ist, dass der Eintritt in die Transfergesellschaft als anschließendes Beschäftigungsverhältnis gilt.

386   Dies betrifft Kündigungen wie den Abschluss von Aufhebungsverträgen gleichermaßen. Letztere müssen so gestaltet sein, dass zwischen Vereinbarung und Beendigungszeitpunkt ein Zeitraum liegt, der der Kündigungsfrist entspricht, um dieses Risiko zu vermeiden. Vor allem bei ordentlich nicht kündbaren, also insbesondere altersgeschützten Arbeitnehme-

rinnen/Arbeitnehmern oder wenn im Betrieb betriebsbedingte Kündigungen grundsätzlich durch Tarifvertrag oder Betriebsvereinbarung ausgeschlossen sind, kann die Anrechnungsmöglichkeit zum Problem werden. Dann kann das Arbeitslosengeld I bis zu einem Jahr ruhen, was aber in den seltensten Fällen vorkommt, weil hier eine komplizierte Anrechnungsformel existiert, die verhindert, dass die Abfindung zur Gänze aufgezehrt wird.

387   Das Ruhen der Ansprüche auf Arbeitslosengeld I führt nicht zu einer Verkürzung der Ansprüche, sondern nur zu einer zeitlichen Verschiebung. Die Zahlung beginnt und endet später.

388 *2. Vorsätzlich oder grob fahrlässig verursachte Arbeitslosigkeit*
Weitere Nachteile entstehen, wenn die Agentur für Arbeit in Zusammenhang mit der Beendigung des Arbeitsverhältnisses eine Sperrzeit verhängt. Dies geschieht immer dann, wenn der/die Arbeitnehmer/-in die Arbeitslosigkeit vorsätzlich oder grob fahrlässig verursacht hat, etwa indem er/sie auf einen bestehenden Kündigungsschutz verzichtet hat. Davon wird ausgegangen, wenn die Vertragsauflösung entweder wegen schuldhaften Fehlverhaltens erfolgte oder aber die/der Betroffene leichtfertig oder sogar vorsätzlich den Arbeitsplatz aufgegeben und keine Anschlussbeschäftigung hat. Der Gegenbeweis ist zwar möglich, aber zum einen nur schwer zu führen und das Verfahren hierfür zeitaufwendig. Erleichtert wird es durch die Rechtsprechung des Bundessozialgerichts, wenn die Abfindung nicht mehr als ein halbes Bruttogehalt pro Beschäftigungsjahr beträgt. Dann geht das Bundessozialgericht von einer Rechtmäßigkeit der Kündigung aus (BSG vom 12.07.2006 – B 11a AL 47/05 R). Andernfalls passiert zweierlei: Auf jeden Fall tritt eine Sperrzeit von bis zu zwölf Wochen ein, die zu einer realen Verkürzung der Bezugsdauer des Arbeitslosengelds I führt. Diese Bezugsdauer wird zusätzlich um insgesamt ¼ verkürzt, wobei die Sperrzeit hierauf angerechnet wird. Diese zweite Kürzung wirkt sich dann aus, wenn der Anspruch auf Arbeitslosengeld I für eine längere Zeit als 48 Wochen besteht. Unterhalb dieser Größenordnung sind die 12 Wochen der Sperrzeit immer mindestens so lang wie die Kürzung um ein Viertel. Sperrzeit und Kürzung sind unabhängig davon, ob die Aufgabe des Arbeitsplatzes mit einer Abfindung versüßt wurde oder nicht. Die Existenz dieser gesetzlichen Regelung legt nahe, auf den Abschluss von Aufhebungsverträgen ganz zu verzichten oder dieses Mittel nur dann zu ergreifen, wenn vorher eine Absprache mit der örtlichen Agentur für Arbeit stattgefunden hat, in der diese die betriebliche Bedingtheit der Vertragsauflösung schriftlich anerkannt hat. In allen anderen Fällen

sollte ein Personalabbau mit betriebsbedingten Kündigungen abgewickelt werden – was jedoch nur geht, wenn diese nicht gleichzeitig in einer Vereinbarung zur Beschäftigungssicherung ausgeschlossen wurden.

389   Zwar ist ein Aufhebungsvertrag nicht grundsätzlich eine fahrlässige oder vorsätzliche Aufgabe des Arbeitsplatzes, muss also nicht notgedrungen die beschriebenen Folgen nach sich ziehen. Jedoch werden die Leistungsabteilungen in den Arbeitsagenturen sehr aufmerksam, wenn sie solche Verträge sehen und stellen z.T. hohe Anforderungen an die Begründung der Arbeitsaufgabe. Diese werden zusätzlich durch die Rechtsprechung des Bundessozialgerichts verschärft, das es gekündigten Arbeitnehmern / Arbeitnehmerinnen fast zur Pflicht macht, gegen solche Kündigungen arbeitsgerichtlich vorzugehen. Das BSG sieht es als selbst verschuldete Arbeitslosigkeit an, wenn ein/-e Gekündigte/-r sich gegen eine offensichtlich sozial un gerechtfertigte Kündigung nicht zur Wehr setzt (BSG vom 18.12.2003 – B 11 AL 35/03 R).

390   Es ist dabei unerheblich, ob ein/-e Arbeitnehmer/-in, der/dem von der Agentur für Arbeit ein solcher Vorwurf gemacht wird, diesen letztendlich widerlegen kann oder nicht: Zunächst wird hierdurch eine lange Phase des Prozessierens eingeleitet, während derer die Leistungen nur in reduziertem Umfang bezahlt werden.

391   Da sozialgerichtliche Verfahren sich leicht über mehrere Jahre erstrecken können und die dortigen Richter/-innen im Umgang mit dem Kündigungsschutzrecht – vorsichtig ausgedrückt – eher ungeübt sind, ist es der sicherste Weg für die Betroffenen, wenn sie ein Urteil eines Arbeitsgerichts vorlegen können, das die Rechtmäßigkeit ihrer betriebsbedingten Kündigung bestätigt. Aufhebungsverträge sollte nur noch schließen, wer sich einer Anschlussbeschäftigung sicher ist.

6.3 Die Betriebsänderung in der Insolvenz

392   Gerade die Stilllegung von Betrieben erfolgt nicht selten in Zusammenhang mit einer Insolvenz (Zahlungsunfähigkeit, früher: Konkurs) des Arbeitgebers. Diese Folge ist jedoch nicht zwingend: Manchmal werden die Betriebe nach Abschluss des Insolvenzverfahrens auch fortgeführt, dann allerdings meist unter neuer Regie und in verkleinerter Form. Hier kommt es für die Rechte der Beschäftigten immer darauf an, ob vor einem Beschluss des Insolvenzverwalters über einen Personalabbau oder die Stilllegung des Betriebs bereits die Leitungsmacht über den Betrieb auf den Erwerber übergegangen

ist, denn dann bestehen die Rechte aus § 613a BGB beim Betriebsübergang (BAG vom 26.03.1996 – 3 AZR 965/94).

393   An der Verpflichtung zur Verhandlung von Sozialplan und Interessenausgleich ändert sich – sofern die üblichen Voraussetzungen einer Betriebsänderung gegeben sind – auch im Insolvenzverfahren nichts. Allerdings ist die Insolvenz als solche keine Betriebsänderung. Auch in diesem Rahmen müssen die bereits beschriebenen betrieblichen Veränderungen hinzutreten.

394   Die Regelungen in der Insolvenzordnung, die die Rechtslage bei Betriebsänderungen betreffen, sind im Wesentlichen Verfahrensvorschriften, die der Beschleunigung – zulasten des Betriebsrats und der Beschäftigten – dienen sollen. Hinsichtlich des Sozialplans wird eine Begrenzung der möglichen Höhe der Leistungen vorgenommen.

394a   Diese Einschränkungen einschließlich der erweiterten Möglichkeiten, Arbeitsverträge zu kündigen, gelten auch schon dann, wenn wegen nur drohender Zahlungsunfähigkeit eine Insolvenz, in Eigenverwaltung beantragt wird. Dieses Schutzschirmverfahren soll Unternehmen in einer Krise dem Zugriff der Gläubiger entziehen und so den endgültigen Bankrott verhindern. Rechtlich ist das eine Insolvenz, mit allen Rechten für das Unternehmen in Schwierigkeiten, die andernfalls nur der Insolvenzverwalter hätte. In dieser Konstellation ist die aktive Mitarbeit des Betriebsrats in der Gläubigerversammlung unbedingt erforderlich, denn dieses Verfahren lädt geradezu dazu ein, auf unsichere Prognosen gestützte billige Sozialpläne zu erzwingen, um danach mit einer runderneuerten Mannschaft wieder auf Profitjagd zu gehen.

395   *Der Sozialplan*
Die Insolvenzordnung befasst sich nur mit Sozialplänen, die innerhalb eines Zeitraums von drei Monaten, bevor der Antrag auf Eröffnung des Insolvenzverfahrens bei Gericht eingeht oder danach aufgestellt wurden. Vorschriften über die Gestaltung von Sozialplänen können sich dabei naturgemäß nur auf solche beziehen, die nach dem Eröffnungsbeschluss vereinbart werden, weil vorher die Insolvenzordnung noch gar nicht anwendbar ist.

396   Für diese Sozialpläne legt § 123 Abs. 1 InsO eine Obergrenze für das Gesamtvolumen der Abfindungen fest. Diese Grenze ist absolut; halten sich die Betriebsparteien oder die Einigungsstelle nicht daran, ist der Sozialplan zwar insgesamt unwirksam, kann aber angepasst werden, wenn sich der Verteilungsmaßstab ermitteln lässt. Diese Obergrenze des Sozialplan-

volumens ist das 2,5-fache der Monatsverdienste aller von der Entlassung betroffenen Beschäftigten. Maßgeblich ist der Verdienst beim Ausscheiden, also im Monat der Beendigung des Beschäftigungsverhältnisses.

397   Über diesen „Topf" können Betriebsrat und Insolvenzverwalter/-in frei disponieren. Das Gesetz sagt also nicht, dass alle Betroffenen 2,5 Monatslöhne/-gehälter als Abfindung bekommen, sondern nur, dass die Summe aller Abfindungen diese Grenze nicht überschreiten darf.

398   Selbst wenn die Betriebsparteien sich hieran halten, sind diese Ansprüche damit aber noch nicht gesichert. Insgesamt darf nämlich der Sozialplan gem. § 123 Abs. 2 InsO nicht mehr als ein Drittel der Mittel in Anspruch nehmen, die zur Verteilung an alle Gläubiger zur Verfügung stehen (Verteilungsmasse). Wenn dieses Geld nicht auf einmal vorhanden ist, sondern aus laufenden Geschäften erlöst wird, ist der Insolvenzverwalter gem. § 123 Abs. 3 InsO verpflichtet, Abschlagszahlungen zu leisten.

399   Reichen die Mittel im Insolvenzverfahren nicht zur Befriedigung aller Ansprüche aus und arbeitet der Betrieb später unter alter Regie weiter, können diese verbleibenden Forderungen auch hinterher noch realisiert werden.

400   Sozialpläne, die innerhalb von drei Monaten vor dem Antrag auf Eröffnung des Insolvenzverfahrens aufgestellt wurden, können gem. § 124 Abs. 1 InsO sowohl vom Verwalter als auch vom Betriebsrat widerrufen werden. Der Betriebsrat kann hieran ein Interesse haben, weil andernfalls alle Ansprüche aus diesem alten Sozialplan nur einfache Insolvenzforderungen ohne große Aussicht auf Befriedigung sind. Ist der Sozialplan dagegen widerrufen und wird ein neuer unter Beachtung des § 123 InsO geschlossen, so haben die Ansprüche hieraus den Rang von Masseverbindlichkeiten, die bevorzugt behandelt werden. Der Widerruf gefährdet auch nicht die Stellung der Arbeitnehmer/-innen, die bereits Leistungen aus dem alten Sozialplan erhalten haben: Diese können gem. § 124 Abs. 3 InsO nicht zurückgefordert werden. Allerdings müssen sie beim neuen Sozialplan wieder in der Weise berücksichtigt werden, dass sie dessen Gesamtvolumen bis zur Höhe des 2,5-fachen Monatsverdiensts der betroffenen Beschäftigten verringern.

401   Für ältere Sozialpläne besteht dieses gesetzliche Widerrufsrecht nicht. Sind die Forderungen aus diesen noch nicht befriedigt, entsteht das Problem, dass deren Realisierung angesichts der Einordnung als einfache Insolvenzforderung unwahrscheinlich ist. Der Betriebsrat wird also bestrebt sein, eine Verbesserung dadurch zu erreichen, dass ein neuer Sozialplan im

Rahmen des Insolvenzverfahrens geschlossen wird. Dies ist jedoch nicht ohne Weiteres möglich. Der bestehende Sozialplan muss zunächst einmal beseitigt werden, weil andernfalls durch seine Existenz für die Betriebsänderung, für die er vereinbart wurde, das Mitbestimmungsrecht aus § 112 Abs. 1 und 4 BetrVG verbraucht ist (hierzu BAG vom 26.08.1997 – 1 ABR 12/97).

402   Ein Widerruf ist nicht möglich; diesen sieht § 124 InsO nur für Sozialpläne vor, die innerhalb von drei Monaten vor der Betriebsänderung geschlossen wurden. Da der Abschluss eines neuen Sozialplans im Rahmen des Insolvenzverfahrens zu einer Schmälerung der Verteilungsmasse führt, kann dies auch nicht auf freiwilliger Basis erfolgen. Hierdurch würden die Interessen der übrigen Gläubiger beeinträchtigt.

403   Auch eine Kündigung des Sozialplans führt nicht zum Ziel, da dieser in jedem Fall nachwirkt (BAG vom 10.08.1994 – 10 ABR 61/93, AiB 1995, 471). Es ist also unerheblich, ob der Betriebsrat aufgrund der Zahlungsunfähigkeit des Arbeitgebers im Unterschied zu diesem selber zur außerordentlichen Kündigung berechtigt ist. Der Sozialplan bleibt auch danach in Kraft, und eine Ersetzung wird am Widerstand der übrigen Gläubiger scheitern.

404   Der Betriebsrat kann sich mit seinem Verlangen nach Abschluss eines neuen Sozialplans nur durchsetzen, wenn er geltend macht, dass die Geschäftsgrundlage des alten weggefallen ist. Dies hat das BAG bereits dann bejaht, wenn die Betriebsänderung nicht mehr in der ursprünglich vorgesehenen Form umgesetzt wird oder sich im Nachhinein herausstellt, dass Kündigungen anlässlich einer Stilllegung des Betriebs nicht hätten ausgesprochen werden müssen, weil sich später doch noch ein Käufer dafür gefunden hat (BAG vom 28.08.1996 – 10 AZR 886/95).

405   Die Geschäftsgrundlage kann im Rahmen des Insolvenzverfahrens etwa deshalb entfallen, weil der Betrieb und damit auch die Arbeitsverhältnisse nicht bis zum vorgesehenen Ende aufrechterhalten bleiben, der Zeitpunkt der Umsetzung der Betriebsänderung durch die Insolvenz also vorgezogen wird. Kein solcher Einschnitt ist hingegen das Insolvenzverfahren selber. Die Folge des Wegfalls besteht entweder in einer Anpassung des Sozialplans, oder aber, wenn das nicht sachgerecht ist, in dessen vollständiger Aufhebung mit der Folge, dass ein neuer im Rahmen der Insolvenz geschlossen werden kann. Sachgerecht ist aber in einem solchen Fall nicht die Änderung der Höhe der Leistungen – hierfür besteht kein Anlass – sondern ausschließlich die Vereinbarung eines neuen

Sozialplans mit der summenmäßigen Einschränkung der Abfindungen einerseits und dem Privileg einer bevorzugten Behandlung dieser Forderungen in der Insolvenz andererseits.

406 *Der Interessenausgleich*
Das Verfahren zur Verhandlung eines Interessenausgleichs ist durch die InsO abgekürzt worden, wobei der Interessenausgleich gegenüber der „normalen" Betriebsänderung vollständig entwertet wurde. Zunächst muss gem. § 121 InsO ein Vermittlungsversuch durch die Agentur für Arbeit nur dann unternommen werden, wenn Betriebsrat und Insolvenzverwalter dies übereinstimmend wollen.

407 Weiterhin gibt § 122 InsO dem Insolvenzverwalter die Möglichkeit, das Arbeitsgericht anzurufen und dieses um Zustimmung zur durchzuführenden Betriebsänderung zu ersuchen, wenn nicht innerhalb von drei Wochen nach Verhandlungsbeginn oder schriftlicher Aufforderung zur Aufnahme der Verhandlungen ein Interessenausgleich zustande gekommen ist. Hier ist noch nicht einmal mehr Voraussetzung, dass eine ordnungsgemäße Durchführung des Beteiligungsverfahrens gem. § 111 BetrVG – rechtzeitige und umfassende Information und Beratung – vorausgegangen ist.

408 Wesentliches Entscheidungskriterium für das Gericht ist die wirtschaftliche Lage des Unternehmens; die sozialen Belange der Beschäftigten spielen nur noch am Rande eine Rolle.

409 Vereinbaren Insolvenzverwalter und Betriebsrat einen Interessenausgleich, in dem die zu kündigenden Arbeitnehmer/-innen namentlich genannt sind, wird dokumentiert, dass tatsächlich betriebliche Gründe für die Kündigung vorgelegen haben und dass die Gruppenbildung für die Auswahl nach sozialen Gesichtspunkten sowie diese Auswahl selber rechtmäßig sind (BAG vom 07.05.1998 – 2 AZR 536/97; 28.08.2003 – 2 AZR 368/02). Vom Kündigungsschutz bleibt damit nichts mehr übrig.

410 Die InsO gibt auch vor, wann kein grober Fehler bei der sozialen Auswahl vorliegen soll: Maßstab ist, ob durch die Auswahl eine ausgewogene Personalstruktur erhalten oder geschaffen wird, wobei niemand wirklich weiß, was das ist.

411 Lässt sich der Betriebsrat auf einen solchen Interessenausgleich nicht ein, kann der Insolvenzverwalter eine entsprechende Entscheidung beim Arbeitsgericht in einem beschleunigten Verfahren (§ 122 InsO) einholen. Praktisch ist dieses von der Insolvenzordnung vorgesehene Verfahren bislang ohne Bedeutung geblieben. Arbeitsgerichte würden auch eine zu

weitreichende Verantwortung damit übernehmen: Diese im Schnellverfahren getroffene Auswahl hat nämlich Auswirkungen auf spätere Individualverfahren der Beschäftigten, wenn sie sich gegen ihre Kündigung wehren wollen. Diese Auswahl ist nur dann angreifbar, wenn sich nach Abschluss dieses Verfahrens die Sachlage wesentlich geändert hat. Mit anderen Worten: Der Schnellschuss ist praktisch unangreifbar und hat damit eine höhere Bedeutung als eine durch mehrere Instanzen geführte Kündigungsschutzklage.

412   Auf die gleiche Weise kann auch der Anspruch auf Übernahme in ein Arbeitsverhältnis bei einem Betriebsübernehmer in der Insolvenz ausgeschlossen werden. Nach § 128 InsO erstreckt sich die Bindungswirkung einer solchen gerichtlichen Entscheidung wie auch eines Interessenausgleichs, der die Namen von zu kündigenden Arbeitnehmerinnen/Arbeitnehmern nennt, zusätzlich auf den Umstand, dass die Kündigung nicht aus Anlass des Betriebsübergangs erfolgt ist. Damit hat der Kündigungsschutz in § 613a BGB im Insolvenzverfahren praktisch seine Bedeutung verloren.

413   Betriebsräte können die Beschäftigten vor den negativen Folgen dieser Gesetzeslage nur schützen, indem sie sowohl in den Verhandlungen über einen Interessenausgleich als auch in entsprechenden gerichtlichen Verfahren, die der Insolvenzverwalter anstrengt, um die Kündigungen durchzuführen, immer wieder auf die mangelnde Informationsgrundlage hinweisen. Nur so ist die Vermutung in einem späteren Kündigungsschutzverfahren zu beseitigen, dass die Auswahl, die im Interessenausgleich bzw. einem vorherigen durch den Insolvenzverwalter angestrengten Gerichtsverfahren getroffen wurde, sachgerecht und nicht grob fehlerhaft war.

6.4 Gerichtliches Kündigungsverbot vor der Verhandlung des Interessenausgleichs?

414   Da der Interessenausgleich als solcher nicht erzwingbar ist und dem Arbeitgeber hier lediglich die individuell durchzusetzenden Ansprüche auf Nachteilsausgleich drohen, suchen Betriebsräte nach rechtlichen Druckmitteln, um ihr Recht auf Beteiligung bei der Betriebsänderung in Form von Information und Beratung durchzusetzen. In diesem Zusammenhang wird häufig versucht, bei einer anstehenden Betriebsänderung eine einstweilige Verfügung beim Arbeitsgericht zu erwirken, die dem Arbeitgeber den Ausspruch von Kündigungen vor dem endgültigen Scheitern des Interessenausgleichs untersagt.

415　Ob dies zulässig ist, ist zwischen den verschiedenen Arbeits- und Landes-arbeitsgerichten umstritten. Eine Entscheidung des BAG hierzu existiert nicht, weil solche Verfahren nur bis zum jeweiligen LAG geführt werden können.

416　Auch die Meinungen in der rechtswissenschaftlichen Literatur gehen in dieser Frage weit auseinander, wobei der Großteil der Stimmen sich problemlos in die Kategorien „gewerkschaftsnah" und „arbeitgebernah" einordnen lässt. Eine aktuelle Übersicht zu beiden Lagern findet sich bei Däubler, in: DKKW, §§ 112 und 112a, Rz. 23.

417　Angesichts dieser Situation fällt es schwer, Betriebsräten eine annähernd verlässliche Prognose zum Ausgang eines solchen Verfahrens zu geben. Selbst innerhalb der Arbeitsgerichte unterscheidet sich die Recht-sprechung zwischen den einzelnen Kammern. Wer Gerichtsverfahren nur anstrengt, wenn sie mit Sicherheit gewonnen werden, sollte also die Finger von dieser Möglichkeit lassen.

418　Betriebsräte, die das Risiko eines solchen Verfahrens eingehen wollen, sollten sich zuvor überlegen, wie hoch die politischen Kosten sein können, wenn es verloren geht. Sicherlich ist es ungünstig, sich bereits am Anfang einer Verhandlungsphase eine solche Niederlage einzufangen, weil sie zur Demoralisierung führen kann. Dagegen mag sie in einer Situation, in der der Arbeitgeber sowieso schwach dasteht, zu einer Solidarisierung führen, weil die Betroffenen den Eindruck gewinnen müssen, dass dieser sich nur noch mit fremder Hilfe zu retten weiß.

419　Hier gilt es also, besonnen abzuwägen und immer im Auge zu behalten, dass die Chance, dieses Beschlussverfahren zu gewinnen, maximal bei 50 % liegt. Nur wenn auch aus einer solchen Niederlage ein Erfolg gemacht werden kann, lohnt sich der Gang zum Gericht.

420　Daneben muss allerdings auch ein weiterer Effekt beachtet werden: Das Prozessrisiko ist nicht nur für den Betriebsrat, sondern auch für den Arbeitgeber gegeben. Für ihn geht es darum, seine Pläne innerhalb seines Zeitlimits umzusetzen. Besteht die Gefahr, dass dieses durch eine einstweilige Verfügung erheblich ausgeweitet wird, kann bereits die ernsthafte Drohung mit einem solchen Verfahren Wunder in Bezug auf seine Verhandlungsbereitschaft wirken, ohne dass es tatsächlich der Anrufung des Gerichts bedarf.

Literaturverzeichnis

Däubler/Kittner/ Klebe/Wedde (Hrsg.)	BetrVG, mit Wahlordnung und EBR-Gesetz, Kommentar, 13. Aufl., Frankfurt/Main 2012, zit.: DKKW-Bearbeiter
Fitting/Engels/ Schmidt/Trebinger/ Linsenmaier	BetrVG mit Wahlordnung, Handkommentar, 26. Aufl., München 2012, zit.: Fitting
Grauvogel/Hase/ Röhricht	Wirtschaftsausschuss und Betriebsrat, Praxiswissen für Betriebsratsmitglieder, Düsseldorf 2006
Hamm	Textbausteine für Sozialplan und Interessenausgleich, in: Arbeitsrecht im Betrieb, 1993, 600 ff.
Hamm/Rupp	Beschäftigungssicherung, Interessenausgleich und Sozialplan: Handlungshilfe für Betriebsräte, Schriftenreihe „Arbeitsrecht im Betrieb", 1. Aufl., Frankfurt/Main 2010
Hartmann/Hamm	Outplacement, Düsseldorf 2000
Hase u.a.	Handbuch Interessenausgleich und Sozialplan. Handlungsmöglichkeiten bei Umstrukturierungen, 6. Aufl., Frankfurt/Main 2012
www.judix.de	Internetseiten von Ingo Hamm mit weiteren Informationen und den in diesem Buch zitierten Gerichtsentscheidungen

Stichwortverzeichnis

Die Zahlen verweisen auf die Randziffern.